T0244746

CARMEN DE SAYVE

con la colaboración de Isabel de Antuñano

DESPERTAR
al
INFINITO

EDITORIAL
SIRIO

Diseño de portada: Editorial Sirio, S.A.
Maquetación: Toñi F. Castellón

© de la edición original
2024, Carmen de Sayve

© de la presente edición
EDITORIAL SIRIO, S.A.
C/ Rosa de los Vientos, 64
Pol. Ind. El Viso
29006-Málaga
España

www.editorialsirio.com
sirio@editorialsirio.com

I.S.B.N.: 978-84-10335-06-6
Depósito Legal: MA-2434-2024

Impreso en Imagraf Impresores, S. A.
c/ Nabucco, 14 D - Pol. Alameda
29006 - Málaga

Impreso en España

Puedes seguirnos en Facebook, X, YouTube e Instagram.

AGRADECIMIENTOS

Mi más profundo agradecimiento a Isabel Antuñano de Ortiz Monasterio por su inapreciable ayuda y colaboración a lo largo de la presente obra. En especial por su valiosa intervención en el segundo capítulo en el que nos informa detalladamente de su proceso, lo cual es de gran utilidad para comprender cómo funciona esa particular forma de mediumnidad que es su facultad. También por su compañía en las distintas experiencias que hemos compartido y que se relatan en el libro.

Mi gratitud a Diana Mateos Numata por corregir tan atinadamente el texto, así como por sus útiles consejos.

A mi hija Christine por su inestimable ayuda.

Gracias a Claude, mi marido, por su paciencia y apoyo incondicional.

ÍNDICE

PRÓLOGO

¿Qué hacemos aquí? ¿Vivir tiene un sentido ulterior? ¿Experimentamos para volver a la Luz? ¿Hemos olvidado que somos parte de Dios?

Tuve la suerte de que llegaran a mis manos, los apuntes de lo que sería el libro *Despertar al infinito* de Carmen De Sayve, en el que agradece la colaboración de Isabel de Antuñano. Compendio de experiencias extrasensoriales que me invitaron a tener la mente abierta para aceptar varias cosas por mí desconocidas que hoy me fascinan. Por lo que procedí a darme la oportunidad de asimilar.

Lo primero que llamó mi atención, fue la gran cantidad de conceptos por allá vertidos. Hay conocimientos cuánticos que, con respeto, no podría pensar que ella tuviera, si no fuera porque le hubieran llegado por una vía extrasensorial. Esto que digo tan fácil, sé que implica la aceptación de que existan otras fuentes, aparte de las por nosotros conocidas, que nos llevan a terrenos dimensionales, mucho más allá de nuestro mero mundo material.

La comunicación terrenal con otros planos no es —en este tiempo— un asunto común, aunque sé que el ser humano está cerca de entender que, aparte de nuestro terreno tangible, hay límites que nos están reservando para cuando terminemos esta vida, y que expresarán plenamente la esencia de los que somos.

Antes de continuar, te invito —querido lector, querida lectora— a aceptar que eres un alma aprisionada en un cuerpo que es tu morada en esta realidad. Si crees en Dios, bajo los esquemas de la religión que te lo haya mostrado, y aceptas que hay una vida después de tu muerte, entonces... déjame continuar.

Carmen narra la forma accidentada que le hizo entender que tenía facultades para comunicarse con otros planos o modos vibratorios del ser.

El ser humano desde que es, ha transitado por muchas etapas en su relación con el creador de todo. Primero lo temió, ya que todo aquello sobrenatural aturdía su entendimiento. Después se ubicó como escoria de la creación..., no digno de la majestad divina. Más tarde entendió a un Dios paternal que lo toleraba en su inocencia e ignorancia... Y ahora el ser humano moderno se empieza a ubicar como un fragmento de la luz original que va en camino a reincorporarse a su forma primigenia.

Son claras las acciones humanas que nos elevan a una evolución espiritual: la bondad, el arte que conecta a la sofisticación, la paz, la fe como motor de conciencia y deseo, el amor, el valor de la oración... También resulta evidente lo que nos arrastra a una baja vibración del ser: el resentimiento, la maldad, la envidia, la egolatría que suele perdernos en nuestra pequeñez, la venganza, el excesivo apego a los bienes materiales...

El mundo todo va hacia una evolución. La maldad extrema de nuestro tiempo nos acerca primero a un colmo de baja vibración, para después elevarnos a la armonía como contraste. Solo baste con repasar la historia. Periodos de pandemias, guerras, calamidades versus desarrollo, armonía y superación.

Pensar que el avance del ser humano solo se orienta para esta vida en un mundo meramente material, sería sucumbir a la sola expresión de «nuestra carne». Debemos entendernos en un plano espiritual, en expresiones mucho más elevadas del ser. Analicemos la última crisis económica global que nos ha arrastrado y veremos que no puede haber nada más mezquino... Nada más material. Todo por dinero. Todo por excesiva ambición.

Despertar al infinito es una extraordinaria explicación de lo que somos y pretendemos ser. Un remanso de espiritualidad y superación. La simultaneidad de muchos universos, formas y circunstancias. Pero sobretodo, una dulce expresión de lo que hemos olvidado... El recuerdo de que somos parte de Dios.

Pedro Ferriz de Con
Publicado en la columna
«El búho no ha muerto» del periódico *Excélsior*.
Ciudad de México, 4 de mayo de 2009.

INTRODUCCIÓN

Desde hace algún tiempo he estado recibiendo mensajes en los que se me pedía escribir un nuevo libro. No había hecho caso a esas sugerencias hasta que diferentes circunstancias que se fueron dando me llevaron a empezar la obra que a continuación presento.

En mi práctica como psíquica me he encontrado cada vez más con situaciones en las que he podido ofrecer alguna ayuda, ya sea a los que han pasado a otra dimensión o a los que han sufrido la pérdida de un ser querido. Esto unido a las enseñanzas, cada vez más profundas, de mis maestros espirituales, me convenció de emprender el trabajo de ponerlo por escrito.

Una vez comenzado el proyecto, tuve la suerte de encontrarme con Isabel de Antuñano, psíquica vidente que ve lo que yo escucho, de quien hablaré más largamente después, ya que desde entonces hemos trabajado juntas en muchas ocasiones. Su inapreciable ayuda me impulsó a continuar a pesar de mi renuencia.

Últimamente he tenido la oportunidad de estar en contacto con varias personas a quienes se les ha despertado alguna facultad extrasensorial sin saber cómo manejarla. Por esta razón tengo la intención de profundizar en el tema de la mediumnidad y considero que el relato de mi propia experiencia podría ser útil a quienes se están abriendo a este difícil don, así como a los que tienen la inquietud de saber de lo que se trata.

He relatado en mis libros anteriores las lecciones recibidas y las diferentes experiencias que he tenido, las cuales ahora pretendo ahondar y profundizar con nueva información. Abrigo la esperanza de que esto pueda servir para comprender mejor el significado de la muerte, el objetivo de la vida en el mundo físico, la manera de hacerle frente y así obtener la paz interior que produce la verdadera felicidad. Creo que la facultad que ahora tengo la escogí y la acepté antes de venir a este mundo y, seguramente, me propuse con ella ayudar a mis congéneres en el despertar de la consciencia en esta nueva era que comienza.

Las citas textuales recibidas de los guías y maestros espirituales están marcadas en cursiva y negrita, y los mensajes procedentes de los que están ya en otros planos de realidad están marcados en cursiva.

Capítulo I

LA COMUNICACIÓN CON OTROS PLANOS

La mediumnidad es el fenómeno esencial que nos da la posibilidad de comunicarnos con los diferentes elementos y planos vibratorios que componen el universo. Médium significa intermediario, el que sirve de intérprete entre lo visible y lo invisible.

Así como nos es imposible ver sin ayuda de un microscopio los átomos que componen la materia, sus núcleos, electrones, neutrones, protones, que se mueven constantemente, es decir, lo que se considera como microcosmos, de igual manera no podemos percibir a simple vista el macrocosmos con los millones de estrellas y galaxias que están a miles de años luz de nosotros, pero que existen. Todo en el universo es dinamismo y energía que vibra a diferentes frecuencias, creando los distintos planos de realidad a los cuales generalmente no tenemos acceso mientras nos encontramos limitados por nuestra envoltura física. Formamos con ello un todo que siempre está intercomunicado, aunque no tengamos conciencia de esto. Existen algunos sujetos que tienen mayor sensibilidad, que son capaces de notar, sentir o ver las ondas vibratorias de otros planos de realidad, y es a ellos a quienes se les denomina médiums o psíquicos.

Todo lo que existe es manifestación de Dios. Él es la Fuente inagotable de la energía universal que, según su frecuencia vibratoria, conforma los diferentes mundos y realidades. La realidad de este mundo que conocemos no es la única, existen muchos otros planos que nos son inaccesibles con nuestros cinco sentidos. Sin embargo, todo ser humano posee una innata capacidad psíquica, comúnmente conocida como sexto sentido, que le permite entrar en contacto con otras dimensiones. Es la aptitud de percibir hechos y circunstancias fuera del condicionamiento de tiempo y espacio. Permite recibir mensajes de otros seres, ya sea del plano terrenal o de otros planos de realidad, todo esto sin necesidad de los sentidos físicos. Es el responsable de las premoniciones, la telepatía, la intuición, la inspiración artística, la inspiración científica, las curaciones psíquicas, la curación con energía por imposición de manos y demás formas de mediumnidad. Todos tenemos este sexto sentido en forma latente o manifestado en mayor o menor grado, es nuestra olvidada facultad de comunicarnos con el cosmos. Al constituir todo lo que existe una unidad, todas estas realidades se conectan entre sí y por lo tanto la interacción y la comunicación en ese todo es constante. A quienes tienen esta facultad más desarrollada, se les llama médiums, psíquicos o canales.

El sexto sentido no funciona a través de la anatomía y fisiología normal del cuerpo, pero es capaz de ver a través del tercer ojo (ubicado en el entrecejo), es capaz de oír a través de la mente, distinguir deseos y emociones a través del estómago, y es capaz de experimentar bienestar o desconfianza a través del corazón. Esto se recibe por medio de los chakras. ¿Qué son los chakras? Los chakras son vórtices de energía a través de los cuales esta se absorbe y fluye en nuestro cuerpo. Son siete los principales: el primero, chakra raíz, situado debajo del coxis, el segundo, chakra sexual, está cuatro dedos por debajo del ombligo, el tercero, se encuentra en el plexo solar, en la boca del estómago, el cuarto, chakra del corazón, el quinto, chakra de la garganta, el sexto, el tercer ojo y por último el chakra de la coronilla.

Todo el tiempo recibimos de la Fuente energía universal que se absorbe a través de los chakras. Esta es la que nos permite, sentir, actuar y vivir. Podemos mediante actos amorosos y de servicio junto con prácticas espirituales, alimentar y conservar esa energía. Por otra parte, también se puede disipar y bloquear en cualquiera de los chakras a través de una serie de actividades desequilibradas como los arranques de ira, un parloteo excesivo, el egoísmo, la crítica, los resentimientos, los celos, una actividad sexual promiscua o pervertida, la obsesión por posesiones materiales y poder, la baja autoestima y por no vivir en el presente.

Para poder entender de qué se trata la mediumnidad es importante distinguir las diferentes maneras de psiquismo que existen. Algunos psíquicos o videntes son capaces de ver situaciones que se dan a una distancia lejana o situaciones que se dieron en un determinado lugar en el pasado, y otros, incluso, lo que todavía no acontece. A estos últimos se les llama profetas, que a lo largo de toda la historia de la humanidad han predicho acontecimientos futuros. Otros médiums han ayudado a esclarecer incidentes criminales al describir con notable claridad las circunstancias y los autores. Existe quien es capaz de ver a seres que pertenecen a otros planos dimensionales. A estas aptitudes se las conoce como clarividencia, que consiste en la posibilidad de ver, sin los ojos físicos, lo que se encuentra en otra dimensión, tiempo o lugar. Es el caso de Isabel, de quien hablaré más tarde. Por otro lado, la clariaudiencia es la capacidad de escuchar voces, música y mensajes sin ayuda del sentido del oído.

Hay médiums que permiten a entidades desencarnadas utilizar su cuerpo y su voz para manifestarse y expresar su mensaje. Esta práctica encierra ciertos peligros, pues en caso de que el médium sea ocupado por una entidad negativa, puede absorber la mala energía de la misma y en ocasiones le puede resultar difícil deshacerse de esa entidad.

Otra variante es la escritura automática en la que el médium entra en trance y presta su pluma a la entidad que la maneja, sin él tener conciencia del contenido. Otra más, es la escritura intuitiva o telepática, que yo misma experimento y que consiste en escribir lo que se recibe telepáticamente de otros planos dimensionales, siempre de manera consciente, pero sin tener conocimiento de la secuencia de las palabras, ni de las ideas que van surgiendo bajo el dictado.

Entre los médiums existen aquellos a los que se les conoce como médiums de aporte, capaces de desmaterializar un objeto y materializarlo de nuevo en otro sitio. De igual manera, la telekinesia es la posibilidad de mover objetos con el poder de la mente.

Los pintores, escultores, músicos y demás artistas tienen también una forma de psiquismo, ya que la inspiración artística viene del contacto con otros planos de conciencia, aunque algunas veces el artista no sea consciente de ello.

También es médium quien realiza curaciones por imposición de manos. Se presta como canal de la energía universal para transmitirla a la persona cuyo desequilibrio energético produjo la enfermedad. Esto elimina los bloqueos y restablece la circulación correcta de la energía en el cuerpo del afectado para disolver el mal que lo aqueja, sin necesidad de medicamentos. De igual manera, algunas veces los médicos resuelven situaciones críticas por inspiración e instrucción de otros planos. Por lo tanto, los médiums no son brujos, como a veces se los considera, sino personas normales con la percepción extrasensorial manifiesta.

A menudo se confunden las facultades psíquicas con enfermedad mental, lo que supone una dificultad añadida para quien la tiene, mientras no es consciente de lo que en realidad le acontece. Es aconsejable que la persona que comienza con alguna experiencia extrasensorial acuda a alguien que sea capaz de identificar si efectivamente se trata de mediumnidad o de una enfermedad mental. Me han tocado casos de personas que desarrollan alguna forma de psiquismo y a quienes, por ignorancia de quien las trata, se les han prescrito medicamentos psiquiátricos, cuando lo único que logran con ello es ponerlas en un estado de aturdimiento y confusión continuos sin que por eso dejen de ver, sentir o escuchar a los desencarnados.

Las reuniones espiritistas en las que se invocan espíritus con la intención de preguntar sobre el futuro y todo tipo de intereses terrenales no son recomendables porque generalmente el contacto se efectúa con seres de baja vibración que no aportan nada positivo. Hay reuniones en las que el médium contacta a maestros espirituales, los que dan enseñanza de altura, sin embargo, cuando el médium se deja llevar por el ego, pueden filtrarse mensajes que no provienen de esos excelsos seres, sino de entidades bajas que solo crean confusión en el auditorio. Por esta razón es tan importante la intención que tenga el psíquico, si esta es de servir o de sobresalir y sacar ventajas para sí.

Es cierto también que se encuentran charlatanes que se hacen pasar por médiums para lucrarse con sus supuestos poderes. Hay que tener cuidado de no caer en manos de estos sujetos que se pueden detectar si estamos atentos a ciertas señales, como cuando cobran sumas elevadas por sus servicios sin lograr resultados satisfactorios o cuando hacen volver una y otra vez al consultante y cada vez cobran la sesión, sin terminar de resolver el problema. Cuando los psíquicos honestos viven de su trabajo, generalmente lo hacen con mucho amor y cobran sumas razonables, lo que es válido.

De alguna manera todos tenemos estas facultades en mayor o menor grado, porque casi todos hemos tenido alguna vez una premonición de algo que después sucedió o una experiencia de telepatía en la que se transmite el pensamiento de una persona a otra sin necesidad de palabras, incluso a distancia. Cuántas veces buscamos la solución de un problema por el camino incorrecto y de repente nos llega la manera de arreglarlo como si alguien nos la inspirara. En otras ocasiones de pronto nos vino a la cabeza la idea de que no debemos acudir a un determinado lugar en donde más tarde hubo un accidente en el que perdieron la vida varias personas; o que no avancemos al ponerse la luz verde en el semáforo sin antes ver si viene otro automóvil y, casualmente, en ese momento vemos pasar uno a gran velocidad a pesar de tener la luz roja, el cual nos hubiera arrollado. Todas estas experiencias nos hablan de una percepción que no viene de nuestros sentidos físicos, sino muy probablemente inspirada desde otro plano.

Así, y sin darnos cuenta, estamos en contacto con el Mundo Espiritual desde donde se nos ayuda y dirige hacia el despertar de la conciencia. Nuestros ángeles, guías o familiares que nos han precedido en el paso a esa dimensión se comunican en forma telepática con nosotros y organizan las circunstancias que nos ofrecen las oportunidades que nos ayudarán en la vida para crecer. Cuando estamos inmersos en el ego y la necesidad de explicar todo mediante la razón esta comunicación se entorpece. A continuación, presento una comunicación textual de mis guías sobre el tema:

El contacto con nuestro plano es continuo, se experimenta de diferentes maneras: cuando el individuo está enfermo y duerme, se le presentan entidades del plano espiritual, ya sea para sanarlo o para prepararlo a dar el paso definitivo a nuestro mundo. Cuando la persona está en peligro de muerte se le inspira cómo evitar morir si todavía no es su momento. Cuando busca la solución de un problema de manera incorrecta se le inspira la manera de solucionarlo. En su vida se le organizan encuentros y circunstancias favorables para llevar a cabo lo que se propuso antes de encarnar. También nos encargamos de que sus creaciones mentales se concreten organizando al mismo tiempo las condiciones necesarias para el despertar de la conciencia.

Durante el sueño, las más de las veces dirigimos su cuerpo astral hacia la toma de conciencia mediante los sueños en los que se sugiere lo que necesita el individuo comprender para elevar su conciencia. Todo este trabajo es el que se efectúa desde aquí, pero no siempre es fácil, el ser encarnado está muy ciego y no ve más que lo que tiene enfrente, es decir, lo material.

El nuevo tiempo quitará mucho de la venda que tienen los humanos, en él verán con más claridad nuestra existencia y la verdadera vida que se encuentra aquí. La nueva era traerá a la humanidad una claridad inusitada, se dará cuenta de que la experiencia humana es eso, una experiencia creativa del Ser divino que somos todos. Se abrirá la conciencia de la humanidad al amor y a la convivencia pacífica, dando siempre gracias al Creador y alabándolo sin cesar. Es algo difícil de imaginar desde donde se encuentra ahora el ser humano, pero los altos seres espirituales nos lo dicen porque saben que así será.

En nuestra cultura occidental los fenómenos de percepción extrasensorial generalmente no son aceptados como ciertos. Nuestra programación se basa en un positivismo y una racionalidad excesivos. Nuestro cerebro está dividido en dos hemisferios: el izquierdo, que se enfoca a la lógica y al raciocinio, y el derecho, que procesa los pensamientos que vienen de la intuición. En Oriente se ha desarrollado más el hemisferio derecho mientras que en Occidente el izquierdo ha tomado la delantera.

Algunas personas cuando desconocen algo lo niegan, más por miedo que por convicción, y en nuestra civilización occidental, para muchos, todo lo que no esté comprobado por la ciencia no existe. Nuestra programación religiosa y cultural nos mueve a no creer en lo insólito, condicionados por el dogmatismo y el materialismo del mundo.

Médium hace referencia a *mediante*, y mediante el canal de quienes pueden percibir las vibraciones de otros planos de realidad, los que se encuentran en el Mundo Espiritual se pueden expresar en el físico, ofreciendo instrucción y ayuda a quienes se encuentran todavía limitados por el cuerpo denso. También es posible entrar en contacto con los que después de muertos no encuentran la Luz para ayudarlos a llegar adonde les corresponde ir.

Mi proceso

Hace aproximadamente dos décadas se me desarrolló esta facultad en forma de escritura intuitiva o telepática. Es un proceso en el que se oyen los pensamientos de entidades pertenecientes a otros planos de conciencia, o más bien, estos llegan a la mente como dictado telepático, al tiempo que la pluma se mueve bajo el impulso de un magnetismo, escribiendo la palabra recibida mentalmente. Mientras esto sucede, la inteligencia y el entendimiento están dormidos, dando paso a un gran vacío al que llegan las palabras para ser transcritas. Cuando comienza una frase nunca se sabe cómo terminará ni el camino que seguirá;

se desarrolla sola ante mi propio asombro. En ocasiones en que pierdo el contacto o creo, según mi propia lógica, que se trata de una palabra que no era la dictada, la pluma no sigue su curso, indicándome de esta manera que no es así; entonces debo concentrarme otra vez y la pluma comienza a moverse nuevamente formando la palabra correcta. Mi escritura, en esos casos, no es la misma que la que utilizo normalmente, más bien parecería que me llevaran de la mano formando diferente caligrafía de la que yo suelo usar, aunque en todo momento soy consciente de lo que recibo.

Durante todo este tiempo me ha llegado de esta manera mucha información de los guías y maestros que se encuentran en el Mundo Espiritual y que se encargan de asistirnos y dirigirnos hacia nuestro despertar de conciencia. Son mensajes sobre diferentes temas, como la evolución del hombre hacia Dios, la naturaleza de nuestro verdadero ser, el objetivo de la vida en el mundo físico, la reencarnación, la creación, etc. Asimismo, y por medio de este don, he podido ayudar a muchas almas que al morir están desorientadas y quedan atrapadas en el Bajo Astral, lo que se entiende por «purgatorio» o «infierno». Estos estados no son castigos y mucho menos permanentes, son el resultado de los pensamientos del que ha muerto. Si al morir el individuo se queda con un pensamiento de venganza, de culpa, de miedo a un supuesto castigo, de apego a sus familiares, a sus pertenencias, a su posición, al poder que tenía, o sigue en la creencia de que la vida se acaba con la muerte física, no ve la luz del Mundo Espiritual que está allí para todos, sino que se queda enfrascado en aquel pensamiento. En ese plano no existe el tiempo como lo concebimos en nuestro mundo tangible, solo intensidad de pensamiento. Puedo citar como ejemplo el caso de una persona que muere con un pensamiento fijo de venganza hacia quien la mató, puede quedarse allí muchos años del tiempo terrenal hasta que ese pensamiento se disuelva. Así pues, el purgatorio y el infierno son estados voluntarios que obedecen al estado de conciencia y a la voluntad del desencarnado, y perduran lo que el pensamiento que los provoca. Como tengo la posibilidad de escuchar a estas entidades y saber así las razones de su desorientación, en múltiples ocasiones he podido convencerlas de dirigirse a la luz del Mundo Espiritual, que es adonde les corresponde estar en su nuevo estado. De esta manera, no solo se ha ayudado a los difuntos, sino que al mismo tiempo se ha aportado tranquilidad y consuelo a sus familiares. También en ocasiones, he podido transmitir mensajes de amor de sus seres queridos a los que han tenido una pérdida muy dolorosa. Ha sido un trabajo largo y no siempre fácil, pero muy gratificante.

Algunas jugueterías venden *ouijas* como si se tratara de un juego de mesa que pueda utilizarse para divertirse o alegrar una velada. Sin embargo, de ninguna manera es inocente, como se cree. Consiste en formular preguntas y obtener respuestas mediante un puntero móvil que se desliza sobre un tablero en el cual están inscritas las letras del alfabeto, los diez números y las palabras «sí» y «no». Con dos o más personas que toquen ligeramente el puntero, concentrándose mentalmente, este comienza a moverse impulsado como por un magnetismo, girando y dirigiéndose hacia las letras para formar las palabras. El impulso del puntero se debe a la concentración mental de los participantes, quienes, al ponerse voluntariamente en contacto con el plano de los desencarnados, abren un portal dimensional, lo cual se consigue en la mayoría de las ocasiones. Entonces se presentan muchas entidades que desean comunicarse, solo que con frecuencia se trata de almas que todavía se encuentran en el Bajo Astral sin haber llegado a la Luz. Estos seres en general son de muy baja vibración y se encuentran en la oscuridad; como no son felices, buscan divertirse haciendo daño y engañando a sus interlocutores, haciéndose pasar por quienes no son. La comunicación se efectúa telepáticamente, lo que les permite leer los pensamientos de sus víctimas y así fácilmente enredarlas en sus maléficas jugarretas. Es algo que no aconsejo hacer a nadie, este supuesto juego es sumamente peligroso porque da entrada a seres de muy baja vibración que en algunas ocasiones obsesionan a sus víctimas llevándolas a la locura e incluso hasta el suicidio. Además, según mi experiencia, no se debe solicitar la comunicación con un difunto en particular, porque no podemos verificar su identidad. Hay leyes que desconocemos, pero que se hacen evidentes cuando, por ejemplo, los que se comunican conmigo desde el otro lado del velo lo primero que me dicen una y otra vez es «me dan permiso para hablarte», lo que nos hace pensar que no siempre se les autoriza a los que están ya en la Luz a entablar comunicación con nuestro plano. Lo que también puede suceder es que las entidades negativas se queden en el lugar donde se practicó el juego, generando una gran desarmonía.

Un ejemplo de esto se dio en una ocasión en la que nos llamaron a Isabel y a mí a una casa en donde se producían manifestaciones extrañas y que por ello no había podido venderse a pesar de todo el tiempo que llevaba en venta. Fuimos en repetidas ocasiones y cada vez enviábamos alguna entidad a la Luz. No obstante, siempre que volvíamos a la casa nos encontrábamos con otra entidad diferente. Hasta que una tarde entramos en contacto con un ser que nos dijo lo siguiente:

> Me ven al fin, sí estoy en esta casa que fue la mía por un tiempo y por la cual dejé en la calle a Roberto. Eso me viene atormentando, veo desde que morí todas mis actitudes negativas y necesito decirles que siento muchísimo lo que les pasa. Creo que sin querer yo lo he propiciado. Cuando viví aquí necesitaba dinero y se lo saqué de una manera muy deshonesta a quien me adoraba. Después que me lo dio lo dejé sin más y me dediqué a la juerga. Eso me costó la vida y desde que estoy aquí no hago más que reprochármelo. Me siento responsable de lo que pasa en esta casa y es porque me divertí con esa

clase de sesiones espiritistas en las que jugábamos con la ouija e invocábamos a diferentes almas de no muy alta vibración. Aquí se quedaron entidades de esas que llamábamos y son las que han provocado todo esto. Mil perdones por lo que he hecho, me siento un asco al ver mi vida, y no encuentro descanso.

Esto nos demuestra cómo se puede contaminar un lugar en donde se ha abierto un portal dimensional que permite la entrada a seres negativos. La ayudamos a liberarse y finalmente esta entidad se fue a la Luz después de deshacerse de la culpa que la tenía atada.

Creo entender que hay una ley por la cual nuestros seres queridos que han muerto necesitan de un permiso para entablar una comunicación con nosotros, por lo tanto, el contacto tiene que darse de allá para acá. Como en el caso de una persona a la que ayudé a ir a la Luz y estando allí me dijo lo siguiente:

Veo el mar como un infinito azul extraordinario y las flores de unos colores tan brillantes como nunca las había visto antes. Me permiten hablarte desde este lugar maravilloso para decirte que la ayuda que recibí de ti no tiene parangón.

Veo aquí muchas personas que te conocen y que se arremolinan para hablarte, pero no es posible; solo se nos permite hacerlo de vez en cuando.

Para mí, todo comenzó cuando al jugar con la *ouija*, empecé a recibir respuestas que me parecieron interesantes. Seguí consultándola por varios días hasta que me dijo: *Toma un lápiz y escribe.* Al hacerlo el lápiz empezó a moverse de manera independiente de mi voluntad formando círculos y palos, como en un ejercicio de caligrafía, de manera que se me soltara la mano, hasta que se formó la primera palabra de mi contacto con el otro plano: «Creador». Eso me dio confianza y así comencé a recibir mensajes. Sin embargo, el principio de este proceso fue sumamente difícil porque las entidades que se comunicaban conmigo procedían de planos muy bajos, me obsesionaban para que escribiera a cualquier hora, aun en el trabajo. A media noche me despertaban provocando ruidos en el plafón o en los muebles de madera, me daban órdenes y me decían las más perversas mentiras.

En una ocasión, también durante la noche me despertaron diciéndome que mi marido estaba muerto. Temblando encendí la luz para encontrar que, por fortuna, no era cierto. Otras veces me decían que mi hijo más pequeño tenía una enfermedad mental. Me atormentaban constantemente, pero cuando ya no les creía me ensalzaban el ego alabando mi fortaleza para después hundir mi autoestima. Estos seres pueden ser de una crueldad infinita, desprovistos del cuerpo físico su inteligencia se agudiza y la utilizan para manipular y hacer daño. Me convencían de hacer cosas que acababan ridiculizándome. Me ensalzaban el ego y cada vez que me dejaba llevar por el orgullo de sentirme especial, obtenía un efecto negativo. Podía percibir entonces cómo se burlaban de mí. Estos seres son de tal maldad que son capaces de enloquecer a sus víctimas. A mí me decían *nunca podrás deshacerte de nosotros y te llevaremos al suicidio.* No obstante, al tiempo que experimentaba todo aquello también recibía bellos mensajes de gran espiritualidad, provenientes seguramente de mis guías, que nunca me abandonaron. Pienso que me estaban preparando para el trabajo que tendría más tarde. Cuando me era insoportable la situación, en las mismas comunicaciones se me impulsaba a orar para elevar mi vibración y entonces los tormentos cesaban. Afortunadamente no soy miedosa, lo que me facilitó tener una actitud abierta y objetiva. Viví experiencias muy penosas antes de entender cómo debía proceder para comunicarme con los otros planos ya fueran elevados o del Bajo Astral. Lo primero es elevar la vibración con una oración y la intención de servir, y a continuación, pedir protección.

Decidí entonces averiguar lo que me acontecía y consultar con una persona que en los mismos mensajes se me aconsejaba. Aunque yo casi no lo conocía, sabía que era psíquico porque curaba por imposición de manos.

Lo invité una noche a venir a cenar a mi casa a lo cual accedió de inmediato. Después supe que, al ser una persona sumamente ocupada, era difícil conseguir una entrevista con él, pero pienso que quizá ya sabía para lo que lo llamaba. Cuando le dije que estaba recibiendo mensajes, sin dudarlo ni solicitar ver lo que escribía, me dijo:

«No te dejes dominar por ellos. Tú decide el horario en que estarás disponible y dispuesta a escuchar lo que tienen que decir, pero antes de comenzar reza una oración para elevar tu frecuencia. Somos como antenas —agregó—, captamos ondas de muy diferentes planos. Siempre pide a Dios que te dé discernimiento, pues es de suma importancia».

Después de un mes volví a verlo y entonces sí pidió ver mis escritos.

«Ya entendiste el sistema —dijo— ora y pide discernimiento, se ve que tienen prisa en prepararte».

Fue una iniciación dura y difícil pero necesaria para limpiar mi canal de ego y aprender a manejar y distinguir la procedencia de los mensajes que recibía.

Después de un tiempo tuve que deshacerme de la influencia de estos seres. Se me recomendó hacer una especie de autoexorcismo para impedirles el acceso. Con meditación y oración se eleva la propia vibración y de esta manera se escapa al contacto de quienes están en una frecuencia vibratoria baja. También con la firme voluntad de impedirles el acceso dándoles la orden de alejarse en nombre de Dios, se obtiene lo mismo. Cuando procedí a hacer este ritual, los seres que me habían atormentado me decían que no los dejara, que necesitaban mi luz. Yo no entendía lo que querían decir con esto, pero mi voluntad era firme y solo le pedí a Dios que los ayudara. Cuando las almas se encuentran en el Bajo Astral están en la oscuridad y el frío, por lo que se acercan a los encarnados que tienen el aura debilitada para absorberles su luz.

Al cabo de unos días me hablaron diciéndome que ya no podrían acercárseme, que se les impedía el acceso a mí. Se despidieron dándome sus nombres; se trataba de seis almas que, según dijeron, habían muerto en el incendio de un teatro y que desde entonces vagaban en el Bajo Astral tratando de molestar a los encarnados. Me agradecieron porque al haber pedido a Dios ayuda para ellos y perdonarlos de todo corazón, se derramó la energía amorosa que eso implica y se dieron cuenta de que existía el amor que no habían conocido, por lo que no tenía sentido seguir en donde se encontraban. Decidieron entonces buscar la Luz.

Todos tenemos la facultad de comunicarnos con los otros planos de conciencia y durante el sueño podemos entrar en comunicación con el Mundo Espiritual; si lo que buscamos es una guía para una determinada situación, despertaremos con la sensación de haber obtenido una respuesta. Esta facultad puede manifestarse en cualquier momento de nuestra vida, de niños, adolescentes o adultos. A mí se me desarrolló ya casada, cuando mis hijos eran adolescentes y el más pequeño tendría unos diez años. Esto me permitió tener más tiempo y libertad para ocuparme de mi búsqueda espiritual y ayudar con este don a quien lo necesita. Es importante señalar que la mediumnidad debe ir acompañada de un proceso de autoconocimiento y práctica espiritual, de otra manera se apagará.

Actualmente la vibración del planeta se está elevando y nos estamos acercando a la vibración del Mundo

Espiritual, por lo tanto, es comprensible que mucha gente se esté abriendo a la percepción extrasensorial. Con frecuencia vienen a mí algunas personas para pedir consejo, porque escuchan voces, ven a seres desencarnados o tienen premoniciones extrañas. Generalmente ellos, al igual que sus familiares, se encuentran sumamente temerosos y sin saber cómo manejar esas situaciones. Por esta razón creo conveniente explicar cómo funciona esta comunicación.

Cómo funciona la mediumnidad

El contacto del Mundo Espiritual con el físico se hace a través de una hendidura en el aura del encarnado, que se puede deber a mediumnidad o también a otras razones. Se puede hacer una fisura en el aura bajo el efecto de las drogas o el alcohol, durante una enfermedad grave, algunas veces incluso después de recibir un fuerte golpe. Al abrirse una hendidura en el aura es posible percibir otros planos de realidad, ya sea por medio de la clarividencia, la clariaudiencia o la comunicación telepática. También esto es posible durante la meditación, pues al elevarse la frecuencia de la energía de la persona, se acerca a la vibración del Mundo Espiritual.

El aura es el campo electromagnético que emana de nuestro cuerpo. El ser humano está constituido por diferentes cuerpos sutiles, de cada uno de los cuales emana un aura. Estas emanaciones bajo forma de ondas luminosas son portadoras de diferente información. En ellas están grabadas nuestras emociones, nuestros estados de ánimo, lo que realmente somos, nuestro estado de salud, así como nuestro desarrollo mental y espiritual. El conjunto de todas ellas es el aura humana que funciona como protección contra las diferentes agresiones psíquicas externas, ya que cuando está abierta pueden entrar vibraciones dañinas ajenas y bajas entidades que se posesionan de la voluntad y hasta del cuerpo del afectado.

En ocasiones es probable ver a seres que no han llegado a la Luz y moran en el Bajo Astral porque su vibración es tan densa que está muy cerca de la vibración de la materia física. Es el caso de los fantasmas que son vistos por varias personas; estas situaciones son menos frecuentes que las manifestaciones de ruidos y telekinesia.

Si una entidad se acerca a una persona con dotes psíquicas es porque ve esa hendidura en el aura y sabe que puede entrar por allí para comunicarse. Como si se tratara de una antena parabólica, el psíquico tiene la posibilidad de recibir toda clase de ondas según la frecuencia en la que se sitúe. Si su interés se centra en ser especial, recibir mensajes extraordinarios, consultar el futuro y toda clase de preocupaciones materiales, se abre a la frecuencia de entidades bajas, pero cuando su intención es pura, de servicio, con el objetivo de recibir información para ayudar a la humanidad, es más factible que reciba lo que viene del Mundo Espiritual. No obstante, el médium tiene que estar siempre pendiente de la aparición del ego, porque cuando se vibra en su frecuencia, aunque la intención sea correcta, la puerta se abre para la comunicación con las entidades negativas. Se tiene que aprender a discernir la procedencia de los mensajes, si en ellos hay regaños, órdenes o imposiciones, o alabanzas que ensalzan el ego, no vienen de altas esferas. Los guías y maestros dan siempre mensajes amorosos y no intervienen en el libre albedrío de la persona ni dirigen su vida.

Se dan casos de buenos psíquicos que al canalizar a seres de luz y obtener con ello mucho éxito, bajan la guardia y se dejan dominar por el ego, lo que da lugar a interferencias provenientes de bajas entidades. Los mensajes de los maestros son sutiles, sin contenido de juicio ni reprimenda, no alimentan el ego ni dan órdenes. Todo lo que crea confusión o miedo no viene de la Luz.

Cuando se destapa la mediumnidad en una persona, por lo general con lo primero que se conecta es con el plano del Bajo Astral, que es el que está, vibratoriamente hablando, más cercano al mundo físico. En ese mundo se encuentran los desencarnados que están todavía inmersos en la oscuridad o simplemente desorientados, ya que también allí se dan varios niveles que van desde la más intensa oscuridad hasta el nivel en donde se encuentran los que solo están allí porque no saben adónde ir.

Al morir, el individuo sigue en el mismo estado de conciencia que antes del desprendimiento del cuerpo físico. Usualmente se ve atraído por la luz del Mundo Espiritual, pero cuando sus intereses terrenos y apegos son primordiales o se llena de culpabilidad y miedo, o sigue en la incredulidad de una vida posterior a la muerte física, no la ve y entonces se queda atrapado en el Bajo Astral. Sus creencias, deseos, intereses y prejuicios lo siguen por un tiempo hasta que poco a poco se va desprendiendo de la vibración terrenal y, ayudado por seres espirituales superiores que tratan de hacerle comprender por dónde ir, encuentra finalmente la luz del Mundo Espiritual. El castigo no existe, sin embargo, hay seres que siguen inmersos en la soberbia y en toda la gama de vicios y maldades que cometieron durante su vida en el mundo físico; es entonces cuando se quedan atrapados en el Bajo Astral. Estos seres son sumamente desdichados, pues se encuentran en la oscuridad y el frío al negar su propia luz. Su desasosiego los impulsa a desear hacer sufrir a los encarnados y cuando encuentran la oportunidad de hacerlo, se regocijan proporcionándoles toda clase de conflictos en su vida. En el comienzo del desarrollo de alguna forma de psiquismo, este con frecuencia se inicia con el ataque de dichos seres. Lo primero que hacen es tratar de asustar a sus víctimas, perturbando su sueño, sentándose en la cama aprisionándolos e impidiéndoles moverse, haciendo desaparecer objetos, encendiendo luces, provocando ruidos, y todo esto para hacerles ver que ellos tienen el control, además de absorber la energía vital del encarnado provocándole un gran cansancio. El siguiente paso es ensalzar el ego de la persona en su talón de Aquiles. Como pueden leer los pensamientos de los encarnados, los manipulan haciéndolos sufrir con mentiras y tortura mental. La manera de salir de su alcance es elevando la propia vibración, con oración, meditación y humildad y, en lugar de sentirse especial por poseer una facultad que no todos tienen, entregarse al servicio del Plan Divino utilizando esta capacidad para ayudar, no para sobresalir o lucrarse con ella. Otra de las cosas que hay que evitar es el miedo, porque las entidades oscuras se alimentan de ello. El miedo es lo contrario del amor, por lo tanto, es una vibración muy negativa que les facilita la entrada a estos seres perversos. Cuando esto sucede es aconsejable rezar. No hay que dejarse obsesionar con estas comunicaciones, el médium tiene que seguir viviendo una vida normal como cualquier persona.

También, y como ya se ha dicho, bajo el efecto de las drogas o el alcohol, de una enfermedad grave o un fuerte golpe, el aura de la persona se debilita y es entonces vulnerable al contacto de las entidades oscuras que pululan en el Bajo Astral. Su influencia se hace sentir sin que muchas veces las víctimas sean conscientes de ello, toda vez que telepáticamente las inducen a actuar como ellos quieren. En algunos casos les transmiten sentimientos de miedo, de superioridad, haciéndoles sentirse con una misión muy especial para después bajarles la autoestima al mínimo nivel, provocándoles de esta manera fuertes depresiones. Estos seres son sumamente perversos y, como al estar desprovistos de cuerpo físico su inteligencia se agudiza, además de ser capaces de leer los pensamientos de los encarnados, sus ataques pueden ser verdaderamente maléficos.

Una vez vino a verme una joven a quien se le había abierto la mediumnidad. Ella estaba en la búsqueda espiritual sincera y pensó que era una gran oportunidad para servir. Le aconsejé lo que tenía que hacer para no dejarse enredar por los perversos que siempre están al acecho de encontrar una víctima de sus maldades, pero por la emoción de sentirse «elegida para una gran misión» hizo oídos sordos a mis advertencias. «Estoy en comunicación con los arcángeles —me dijo— y dicen que lo que recibo no necesita de discernimiento». Así cayó entre sus garras, la obsesionaron, la hicieron sufrir por algún tiempo hasta que comprendió su error. Se había dejado llevar por el ego. Esas entidades engañan con su perversidad haciéndose pasar por altos seres espirituales y se puede caer en sus redes fácilmente si no se tiene precaución.

En el ejercicio de la mediumnidad se necesita tener mucha apertura, es decir, no tener ideas preconcebidas y a la vez ejercer siempre el necesario juicio para distinguir de dónde provienen los mensajes, así como de su posible veracidad. Lo que se aconseja es elevar la propia vibración siempre que se está en contacto con el otro lado del velo, de la manera que se ha indicado anteriormente, y practicar la humildad. De vez en cuando se le pueden presentar al médium duras pruebas durante las que, a pesar de ello, se filtran entidades oscuras; esto con el fin de probar su integridad y discernimiento limpiando de esta manera su canal. No hay que desalentarse ante las pruebas, estas deben servir para fortalecerse en todos los sentidos. También es cierto que el médium hace el enlace entre dos realidades de las cuales una le es desconocida, y como los mensajes pasan a través de su propio subconsciente, en la recepción de los mismos puede haber errores. Nada es incontestable.

En ocasiones, durante una canalización se le dan al médium símbolos que tendrá que traducir, haciendo que la interpretación del mensaje sea más compleja. En estos casos la propia imaginación y la habilidad del psíquico juegan un papel muy importante para poder descifrarlo.

Otra dificultad con la que se enfrenta el psíquico es su propia incredulidad, las dudas lo atacan continuamente al no estar seguro de si lo que recibe, ve o siente es real o producto de su subconsciente. Si es sincero y honesto tendrá que estar siempre alerta para diferenciar la procedencia de los mensajes y al mismo tiempo enfrentar la responsabilidad de comunicarlos.

Algunos niños al principio de su vida tienen todavía la percepción de otros planos; esta se puede cerrar ante la incredulidad de los adultos, que les dicen que no es cierto lo que ven o lo que oyen, o por otras razones. La mediumnidad entonces puede reaparecer más tarde en la vida adulta.

La forma de mediumnidad que se manifiesta para curar tiene diferentes métodos. El que cura con energía universal se presta como canal de dicha energía; de la misma manera que un prisma que se coloca bajo los rayos solares quema el papel por efecto de la concentración, así el psíquico se presta como instrumento de esa energía, la concentra y la dirige al enfermo, lo que hace que se restablezca el correcto funcionamiento del flujo energético y se restaure la parte afectada. Cuando el enfermo tiene fe en que va a sanar, se abre voluntariamente a esta energía inteligente, materia prima de cuanto existe, y la curación es posible. Por esto Jesús decía a los enfermos que curaba: «Tu fe te ha sanado». Si se apoya con el estado mental de apertura que es la fe, la energía fluye y la sanación puede darse más fácilmente.

En lo que respecta a las operaciones psíquicas, estas se efectúan primero en el cuerpo astral, también llamado emocional, que es donde se originan las enfermedades provocadas por desajustes emocionales que se manifiestan después en el cuerpo físico. Los médiums que hacen estas operaciones se prestan como instrumentos de entidades de luz que se encuentran en el Mundo Espiritual y que trabajan sobre ese cuerpo. Al retirar de este un tumor o cualquier otro mal, el psíquico que se encuentra en el plano físico solo extrae del cuerpo físico lo que ya se ha retirado en el astral. Si, por ejemplo, se pone una prótesis de hueso, esa misma operación ya se hizo a nivel astral y el hueso que se implanta en el cuerpo físico habrá de soldar siguiendo el proceso de lo que se hizo en el cuerpo astral. Cuando se entra en el interior del cuerpo físico sin necesidad de abrir con un cuchillo y sin dejar cicatriz, esto es posible porque se ha hecho lo mismo en el cuerpo astral.

Por lo tanto, el médium que trabaja en el plano tridimensional no hace más que seguir instrucciones de las entidades de luz, a quienes sirve como instrumento.

Otra variedad de operaciones psíquicas es la desmaterialización del tumor o lo que se va a amputar por medio del poder mental del médium, que vuelve a materializarlo fuera del cuerpo. Me ha tocado presenciar ambas formas de curar.

Todas estas curaciones son posibles cuando no se trata de un karma aceptado de antemano por la persona antes de encarnar, con el fin de obtener algún aprendizaje con esa enfermedad o compensar alguna acción inarmónica precedente.

Capítulo II

EL ENCUENTRO CON ISABEL

En una ocasión, vino a verme una bonita y encantadora joven porque todas las noches veía seres desencarnados que la aterrorizaban. Era tal su problema que la familia se preparaba ya para enviarla a un psiquiatra para que la medicara. Entonces alguien le habló de mí. Isabel ha sido un regalo que el cielo me envió porque después de muchos años de ser yo una pluma ciega, al fin me encontré con alguien que ve lo que yo oigo. Isabel nos cuenta su proceso, que ella llama «mi descubrir», como sigue.

«Es verdad que de muy pequeña no entendía que lo que sucedía todas las noches era real, también es verdad que mi inocente conciencia no me permitía dudar de lo que veía. Sin embargo, mi entorno no era fácil ni alentador para mi propio descubrir.

»Rodeada de gente común, que hacía caso omiso a mis supuestas fantasías, me fue difícil creer que lo que veía desde niña era real, que a quien podía describir perfectamente, sentir cerca y ver moverse no era parte de mis sueños. Fue tal vez mi padre quien empezó a pensar que lo mío no era invento, que era curioso que todas las noches despertara por las pesadillas y hablara de los distintos personajes que deambulaban por mi habitación. No fue sino hasta la vida adulta que entendí que lo que veía era verdad, y esto no tuvo sentido hasta que dejé de negarlo y me permití fluir. Mi vida cambió el día que conocí a Carmen de Sayve, fue ella quien me ayudó a comprender lo que me estaba sucediendo, fue ella quien me devolvió la calma, y desde entonces, mis noches han sido tranquilas y el miedo ha desaparecido.

»La primera vez que recuerdo haber visto a la niña que me acompañó durante mucho tiempo, fue a la edad de once años en un campamento en Kingston, Massachusetts, en Estados Unidos. Sucedió en una noche de aquel verano en un dormitorio enorme, donde dormíamos todas las niñas de mi edad. Nunca había sentido tal pavor, sentada a los pies de mi cama había una niña que lloraba y solo yo la estaba viendo. Nadie más se despertó, yo era la única que la veía, allí estaba claramente desconsolada, triste y cuando se dio la vuelta para mirarme, desapareció. No recuerdo cuántas veces más la vi, pero si es cierto que solo esa noche la visión fue tan clara que su imagen aún me acompaña, era rubia con trenzas que le llegaban más abajo de los hombros, tenía las piernas largas y flacas, aunque nunca la vi de pie, porque siempre estaba sentada.

»Antes y después de ella vi muchas otras caras que me visitaban por las noches, no importaba dónde durmiera, si estaba de viaje o no, siempre vi seres circular por mi dormitorio. Cada noche se repetía la misma historia, muy al principio del sueño salía corriendo gritando desesperada de miedo que había alguien vigilando mi sueño y me despertaba con ruidos, movimientos de la cama o lo que fuera. Después me calmaba, regresaba a mi habitación y volvía a dormir. En ocasiones esto se repetía varias veces durante la noche, aunque en otras no sucedía nada.

»Pasé por muchas experiencias desagradables, caras con aspectos horripilantes me vigilaban y molestaban cuando intentaba dormir, otros llegaban desesperados por hacerse presentes, algunos intentaban decirme algo, mientras que otros solo querían fastidiar. Vi muchas cosas con las que me acostumbré a vivir, pero siempre las tomé como pesadillas, pues yo misma no quería creer lo que veía ni lo que sentía. Una de las experiencias más notables que he vivido fue en una ocasión en la que una cara inmunda me sostenía con fuerza sobre mi cama y me lanzaba rosas con espinas; con gran sorpresa, a la mañana siguiente mis brazos estaban rasguñados.

»Gracias a Dios no todas han sido malas experiencias, he tenido algunos encuentros inolvidables y han sido las únicas ocasiones en las que he sentido esa paz inconfundible y un sentimiento delicioso de tranquilidad. Tenía trece años cuando creí ver a un ángel, era una cara preciosa que me miraba desde arriba y, lleno de luz, me transmitía felicidad, no importa cómo lo llamemos ángel o no, pero era una entidad de luz divina que solo proyectaba bienestar. En otra ocasión, ya casada y embarazada, estando de viaje con mi esposo en Canadá, vi a otro ángel, este era diferente, más pequeño que el primero con las alas abiertas y trataba de decirme algo, no pude entenderlo, sin embargo, percibí que no debía preocuparme, que mi hijo estaría bien. En ese momento no comprendí el sentido, yo no estaba preocupada por mi hijo y mi embarazo iba sin ningún problema, así que no le di mayor importancia. Cuando regresé a México mi hermano menor me comentó que había ido a visitar a un médium y que le había mencionado posibles complicaciones con mi bebé, pero que por ello me había mandado a un ángel protector y que todo saldría bien».

¿Por qué en las noches se facilita la aparición de fenómenos paranormales? Es debido a que los rayos del sol elevan la vibración de la Tierra y se dificulta que penetren las bajas vibraciones de los seres desencarnados. La oscuridad facilita esta presencia pues no está el elemento luz que es, a nivel físico, lo que más se parece a la Luz Divina.

En lo que respecta a las apariciones de ángeles, santos y demás, recibimos el siguiente mensaje:

Debemos entender que se le dan a cada uno los símbolos que entiende según sus creencias. Las apariciones de seres de luz del plano espiritual toman la forma que necesita comprender el receptor, por ejemplo, a un musulmán se le aparecerá Mahoma, un budista verá a Buda y al católico será la Virgen quien le transmita los mensajes que necesita oír. Esto está sucediendo cada vez más frecuentemente porque es necesario que la humanidad se vuelque hacia la espiritualidad y estas apariciones sirven para motivar algunas conciencias. No quiere decir que sean precisamente estos seres los que se aparecen, sino que toman esas formas que le son familiares a quien las ve. Lo verdaderamente interesante de las apariciones son los mensajes.

«Mi hijo nació antes de tiempo, fue un bebé prematuro con tan solo seis meses de gestación, tenía neumonía, un soplo en el corazón y algunas cosas más, pero a pesar de las complicaciones y de los dos meses de estar en terapia intensiva, mi bebé Cristóbal, salió muy bien y hoy es un niño sano sin ninguna secuela.

»Tiempo después, cuando mi segunda hija, Lucía, de un año de edad se enfermó, las cosas se pusieron muy difíciles. La noticia de que Lucía estaba grave, que tenía una malformación y que además había un tumor en su pequeño pulmón, me tenía acabada. Los días pasaron y los médicos confundidos me decían que me la llevara a Boston a operarla, que su caso estaba fuera de su control. El día de la noticia, agotada por la tensión, me dormí rápidamente. Tuve un sueño lleno de luz donde sentí, pero sin verla, a mi abuela paterna, a quién adoré con toda mi alma. Ella me dijo: *Isabelina, Lucía no necesita salir del país, hay un doctor que puede operarla en México, no desesperes, tranquila que todo va a salir bien.* Ese mismo día conocí al Dr. Lorenzo Pérez Fernández quién operó con éxito a mi hija.

»Durante la estancia de un mes en el hospital con ella, en la habitación contigua se encontraba una pequeña que padecía una reacción alérgica que le mantenía el esófago cerrado, lo que le impedía comer. Me hice amiga de su mamá y una mañana me dijo que su hija ya había podido ingerir alimentos; estaba feliz y quiso compartirme lo siguiente: "Ayer por la tarde hablé por teléfono con una monja llamada Gloria, no sé cómo llegué a ella pero la llamé, rezó por mi hija y la niña comenzó a comer. Le pedí también por Lucía a lo que me respondió que ya sabía de ella y que la llamaras". Se me hizo extraño, pero conservé el teléfono de la monja. Seis meses más tarde, cuando Lucía debía haberse repuesto por completo de la operación, empezó a empeorar, estaba baja de peso, malestares de estómago continuos y varios síntomas que no tenían que ver con la operación. Entonces, angustiada, busqué el teléfono de la monja, pero no lo encontré. Casi a punto de llamar a quien me lo había proporcionado, recibí la llamada de mi amiga del hospital para contarme lo bien que estaba su hija y para decirme que la monja había venido a México y que quería que la llamara porque sabía que Lucía había empeorado. Entonces la llamé.

»Cuando fui a presentarme, me interrumpió diciendo "sí hija, ya sé quién eres, aquí en Puebla todos nos conocemos. Aunque tú no vives aquí tienes antepasados de estas tierras y sé muy bien que alguien que nació aquí está cuidando a tu niña desde el cielo. No te preocupes hija, Lucía va a recuperarse, hoy está muy enferma pero pronto estará mejor, vamos a rezar por ella y verás qué bien estará. Ella es muy especial y está muy bien acompañada". Rezamos juntas, y mientras Gloria cantó en una lengua desconocida para mí sentí mi cuerpo vibrar, un calor envolvente y una sensación muy intensa. Pasaron los días y mi casa se sentía diferente, pero la niña aún estaba mal.

»Lo de Lucía no termina allí, esa niña me ha llenado de maravillosas experiencias. Un tiempo después, sin que la niña hubiese mejorado, por azares del destino conocí a Ana Mari, quien era médium y tenía la capacidad de curar. Sin conocerme, Ana Mari me dijo: "Tu hija tiene un pulmón más pequeño que el otro, ¿lo sabías? A ver déjame tocarla". La niña se dejó tocar. "Tu hija no está enferma del pulmón, su problema está en el estómago, es raro, lo que come no se queda en su cuerpo". Era cierto, después de varios exámenes resultó que la niña era intolerante al gluten y por ello su serio problema de absorción. Ana Mari me dijo: "Tu hija es especial, hay una monja que le ha mandado a todos los ángeles protectores y a la Virgen, todos

han venido varias veces a cuidar de ella y vivirá muchos
años". ¡Dios mío, cuántas cosas han pasado, cuántas pruebas de que estás allí, cuánto agradezco las oportunidades
que me das, y las muchas bendiciones que me mandas!

»Durante toda mi juventud conocí gente que creí interesante, pero nadie me decía en verdad lo que me pasaba, viví con mis historias sin poderlas contar y algunas que
sí me hubiera gustado compartir, como cuando mi amiga
Carolina murió de cáncer a los veinticuatro años. Después
de un año de dolorosa lucha contra la enfermedad se fue
dejando a su pequeña hija Paula de tan solo cuatro años
de edad. Carolina no dejó las cosas arregladas y la custodia
de su hija estaba en el aire, aunque yo sabía, por habérme-
lo dicho ella misma, que hubiera querido que se quedara
con su prima Alejandra. La familia se peleaba por la niña y
yo desesperada sin poder intervenir, tuve que mantener-
me al margen. Una noche Carolina me visitó, rodeada de
flores de colores y una luz impresionante, se veía como
cuando murió, sin pelo y con la cara sonrosada.

*Nada me duele, estoy feliz, nada me preocupa y no me
imaginé lo maravilloso de este mundo, no me preocupa
lo que pase con Paula, ella tendrá que vivir su propia
experiencia y va a estar bien, no te preocupes por ella,
desde aquí le mando mi amor y sé que va a estar bien.
Y a mi mamá Marta dile que no le guardo rencor, que
esté tranquila, que ya no llore, que estoy bien y que,
aunque no lo crea, la quise mucho.*

»Me hubiera gustado decir todo esto a las personas involucradas pero no pude.

»Todo fue distinto el día que me casé, Pedro mi marido no entendía lo que me pasaba y en varias ocasiones me pidió que buscara ayuda, ya que no nos era posible pasar una noche tranquila. También es cierto que las visitas fueron aumentando, cada vez veía más entidades. Pedro llegó a pensar que me estaba volviendo loca y empezó a hartarse de mis historias, hasta que una noche sentí la presencia de alguien y sin oír su voz supe lo que me decía, entendí que el mensaje era para Pedro: *Dile a Pedro que no confíe en la persona que le quiere comprar el coche. Se llama Pablo y no es de fiar, además no va a poder vender ese coche.* Yo no sabía que Pedro quería vender el coche y por supuesto no sabía quién era ese tal Pablo. A la mañana siguiente se lo comenté como si hubiera sido un sueño y me quedé sorprendida cuando me dijo "¿Pero cómo sabes eso, quién te dijo lo de Pablo y lo de mi coche?". Claro, era cierto y se dio cuenta de que lo que veo es verdad. Mi esposo fue poco a poco creyendo en mis palabras. Una vez le hablé sobre una mujer mayor de piel blanca con verrugas en el cuello y pelo corto que venía frecuentemente a visitarlo, lo miraba y lo miraba mientras dormía. Me dijo que era su abuela Tita.

»A lo largo de mi vida me topé con gente que solo lograba confundirme, siempre hay charlatanes dispuestos a aprovecharse de alguna situación y sacar dinero. Una vez conocí a Esgar (con s) y a Esther. Esgar, era un chamán que leía el aura y se hacía pasar por médium. Una noche invadió mi habitación en cuerpo astral mientras yo dormía, lo vi caminar y parecía estar usando incienso, hacía mucho calor y olía extraño. Cuando le dije que por qué había ido sin mi permiso a visitarme, no supo qué decir, solo noté que se quedó muy extrañado de que yo pudiera verlo en cuerpo astral. Me di cuenta de que ni siquiera se había percatado de mis aptitudes y afortunadamente no volví a verlo.

»También tuve la oportunidad de conocer a las únicas dos personas que me hicieron creer en lo que veía y comprenderlo, Ana Mari y más tarde Carmen de Sayve. Con Ana Mari me identifiqué por la similitud de su historia, ella fue la primera persona que de verdad pudo explicarme lo que me sucedía y me enseñó, aunque de manera muy primitiva, a cuidarme y a protegerme. También fue ella quien en otra visita a mi casa vio a la misma niña que estuvo detrás de mí tanto tiempo. "Hay una niña detrás de ti de pelo rubio —me dijo—, vamos a hablar con ella para ver qué quiere".

Me llamo Janett, Isabel me da seguridad, la vi en un campamento donde una niña me arrojó al lago, y como estoy mal de las piernas, no pude nadar y me ahogué.

»Janett había asistido al campamento antes que yo y, al morir ahogada, se quedó allí hasta que me vio. Cuando se dio cuenta de que yo también podía verla, me siguió. Janett no podía descansar porque odiaba a la niña que le provocó la muerte. Estaba llena de dolor, por esa razón la veía siempre llorando y como se quedó con la idea de que estaba mal de las piernas estaba constantemente sentada. Durante doce días recé por ella y le encendí unas velas, después de lo cual sentí que al fin se había ido. Doy gracias a Dios por haberme permitido ayudarla a irse en paz y continuar su camino.

»Ana Mari me hizo ver que no estaba loca, que mis visiones eran ciertas, tuvimos largas pláticas sobre el tema, además de que juntas vimos muchas cosas que podíamos constatar. Así como un día llegó a mi vida, Ana Mari se fue y no supe más de ella. Hoy agradezco cuanto hizo por mí.

»Durante un tiempo los consejos de Ana Mari funcionaron, dejé de ver caras desagradables por las noches, hasta llegué a pensar que ya no tenía más esa facultad. Todo era tranquilidad hasta hace unos meses, cuando de pronto las apariciones volvieron. Eran cada vez más intensas, cada vez tenía más miedo, prendía incienso todo el día y me ponía colonia para ahuyentarlas. Nada funcionaba, cada vez había más entidades en mi habitación y parecía que disfrutaban con asustarme. Me incomodaban, me pasaba las noches en vela y mi vida empezaba a convertirse en una pesadilla, dormía de día y siempre estaba cansada. Un día, ya desesperada, tomé el teléfono y llamé a Carmen de Sayve, la persona de quien mi tía Adela me había hablado tanto. No estaba muy segura y, además, ya me habían engañado varias veces, pero llamé y fue una bendición conocerla.

»A mí me sorprendía que tantos seres fueran a buscarme por las noches sin jamás poder ver a nadie de mis familiares queridos, ese hecho me hizo dudar de mis facultades. ¿Por qué podía ver únicamente seres desconocidos? Eso no cambió hasta que dejé de dudar de mí misma. Así es, desde la primera sesión con Carmen vi entidades que me eran familiares, creí que mi subconsciente me traicionaba, pero no fue así, lo pude corroborar con ella, ya que las dos estamos en lo mismo. Desde aquella vez todo fue diferente, me sentí más segura de mí misma, me dejé llevar de la mano y desarrollé más la intuición. Desde entonces he vivido cosas muy interesantes junto a Carmen, hoy no solo veo entidades por las noches, puedo verlas durante el día y soy capaz de distinguir su expresión y, a veces, entender lo que quieren comunicar; me siento tranquila y a pesar de algunas dificultades, agradezco lo vivido. Ya no me importa lo que opinen de mí y doy gracias a Dios de poder ayudar a quién me lo pide.

»No ha sido fácil, y menos cuando se ha tratado de un ser importante en mi vida como me sucedió con mi padre. Al morir vino a verme varias veces, pero era tal mi desconcierto, que volví a tener miedo por un instante; no quería que mi padre muriera y la sola idea de verlo allí en mi casa después de muerto no me gustó. Me buscó varias veces y un día, ya enojado, se comunicó a través de Carmen:

No sé dónde estoy, nadie me escucha, ni siquiera tú, Isabel, que decías ver a los muertos, me ves.

»Estaba enfadado conmigo porque supuestamente le había mentido y también estaba enojado de haber muerto, además de que no le quedaba claro en dónde se encontraba. Aunque fue difícil convencerlo de que pidiera ir a la Luz, Carmen logró que lo hiciera y por fin pudo irse. Me costó trabajo dejarlo ir, me hubiera gustado que se quedara en mi casa tratando de hablar conmigo, pero bendito sea Dios que ya se fue a donde le correspondía.

»Así como las historias que he relatado, Carmen y yo hemos vivido muchas otras, donde juntas hemos aprendido y crecido en varios aspectos, todos los días agradezco haberla conocido y que me permita compartir sus experiencias, espero disfrutar de su compañía, sabiduría y amistad por muchos años más».

En el proceso de Isabel vemos, como en casi todos los casos cuando se abre una mediumnidad, que los primeros contactos se hacen con el Bajo Astral. Esto sucede porque estas entidades están vibrando en la misma frecuencia del plano denso de la materia física, por lo tanto, la comunicación se facilita. Mientras el médium no aprenda a elevar su frecuencia vibratoria se verá atacado por seres bajos que su único propósito es el de fastidiar.

Lo primero que le aconsejé fue que no tuviera miedo. «Antes de acostarte haz una meditación, ora para elevar tu vibración —le dije—. Si tienes este don es para ayudar y tienes que aprender a manejarlo. Ofrécete como instrumento del Plan Divino y niégales la entrada a los seres bajos —que no buscan ayuda sino entorpecer tu vida— diciéndoles que en nombre de Dios se alejen».

Después de una semana Isabel me dijo que al fin podía dormir tranquila. Cuando se presentaban estos seres, en lugar de tenerles miedo, se enfrentaba a ellos con amor o los rechazaba si eran negativos. Nuestra intención es poderosísima y si tiene el fin de ayudar se nos protege desde el Mundo Espiritual en forma inimaginable, pero si se baja la guardia y se entra en el ego, los ataques de las entidades negativas no se hacen esperar. Esta es una de las mayores dificultades en el ejercicio de la mediumnidad.

Así, empezamos a trabajar juntas para ayudar a las almas descaminadas a desaferrarse de su ofuscamiento y a encontrar el camino de la Luz. Desde el primer día empezaron a presentarse varias entidades que no habían logrado avanzar al Mundo Espiritual por diferentes razones. Unas por culpa, otras porque no creían en la vida después de la muerte, otras más por rebeldía y soberbia, pero también se han presentado almas que se encuentran ya en la Luz y que vienen a darnos mensajes de amor y de esperanza.

Isabel nos relata una de estas experiencias que fue muy bella.

«Una tarde, como todos los martes, Carmen y yo nos reunimos en su casa y, para dar comienzo a la sesión, pedimos protección y ayuda. Después de una breve meditación y casi muy al principio, empezamos a percibir quién nos visitaba. Como es costumbre, Carmen escribe lo que oye y yo describo a quien se le acerca para hablarle. Es una tarde más, donde con nuestro mayor esfuerzo y el consejo de nuestros guías, tratamos de ayudar a aquellos que buscan la Luz y no saben cómo llegar a ella.

»De pronto percibimos una sensación diferente de alegría, la habitación parecía iluminarse y llenarse de un sentimiento inconfundible de bienestar; no sé cómo describirlo, las palabras se quedan cortas. Eso fue lo más bonito vivido hasta entonces; por un momento creí confundirme, no podía ser cierto, eran dos figuras llenas de luz que solo transmitían alegría. Incapaz de distinguir sus rostros, me costó entender de quiénes se trataba; entonces Carmen empezó a escribir, la respuesta fue maravillosa y el mensaje aún mejor. Se trataba de dos personas increíbles que habían muerto en un accidente aéreo, mi tía Cuca y Adela, mi prima; qué bonito sentir, qué dulce mensaje...

Isabel, dile a tu mamá que no se preocupe, nosotras estamos felices, nuestra muerte fue una bendición y desde aquí les ayudamos continuamente... No crean que aquí nos importan las cosas que dejamos en la Tierra, aquí tenemos todo lo que deseamos y lo que dejamos no vale nada. Si supieran lo poco que importan los bienes materiales cuando nos quitamos el cuerpo, cómo se ven distintas las cosas desde aquí. Sean generosos y amorosos, es todo lo que importa.

Durante estas reuniones se nos han presentado toda clase de entidades que, en la mayoría de los casos, hemos logrado que se desprendan de la vibración terrenal y alcancen la Luz. Sin embargo, no siempre se logra, hay quien está inmerso en la soberbia y no nos escucha ni nos cree, o quien cuyo deseo de venganza es más fuerte que cualquier otro. También hay a quienes la culpa no les permite creer que merezcan la Luz Divina.

El tesoro de Efraín

En una ocasión, nos llamaron a una casa donde había manifestaciones de entidades desencarnadas. Los problemas tenían lugar sobre todo en el jardín. En una de sus esquinas parecía que nada crecía, ninguna planta se daba, el lugar estaba completamente desprovisto de follaje, solo había allí un árbol triste. Los dueños nos comentaron que no sentían deseos de estar en el jardín, a pesar de que había sido una ilusión para ellos tenerlo, después de haber habitado anteriormente en un apartamento. La casa estaba construida sobre unos terrenos que habían pertenecido a una antigua hacienda.

Me dirigí a ese árido lugar y sentí como si se tratase de alguna cosa enterrada. Isabel me lo confirmó diciendo:

«Aquí se encuentra un hombre flaco, desdentado, apoyado en una pala, que nos mira agresivamente».

Me vio esta niña y, sí, aquí estoy porque, ¿adónde puedo ir? Me mataron para que no dijera en dónde se enterró el dinero. Lo enterré primero porque me lo pidió la doña; me dio mucho dinero para que no dijera el lugar del entierro, pero no me dejaron disfrutarlo porque me mandó matar, la vieja cabrona. Aquí estoy, en el lugar del crimen y guardando el dinero para que nadie se lo lleve, ni ella, porque si viene, la mato.

Le contestamos que ya no le correspondía estar en este plano, que le esperaba una vida maravillosa si solo se decidía a pedir la Luz. Con una serie de insultos, respondió:

No saben lo que dicen, voy a estar aquí hasta el final de los tiempos, me divierto dándole miedo a la gente. No sé cómo ustedes no me temen. ¿Quiénes son, por qué están aquí?

Concentrándonos, le enviamos luz rosada para ayudarlo a desprenderse.

Me mandan no sé qué y se siente agradable, pero les advierto que no me van a engañar con eso, lo que quieren es quedarse con el dinero y no se lo voy a permitir. No me ablando, no me voy a ir.

Pasaron más de dos meses y un día en que Isabel y yo estábamos trabajando, aquel hombre de pronto se presentó.

«Se encuentra aquí el hombre desdentado y también una señora con el pelo recogido y ataviada a la usanza de finales del siglo XIX», me dijo Isabel, y a continuación, yo «oí»:

Estoy en mi deseo de que me hagan caso. Desde el día que me vieron y me dijeron que había un mundo para mí, lo ando buscando. Si me dices en dónde está, te dejo mi tesoro.

«Todo lo que tienes que hacer es pedir ver la Luz y una puerta se abrirá con una luz maravillosa que te llevará a ese mundo», le contestamos.

¿A poco con decir eso se va a abrir la puerta? Se me hace difícil que así sea de fácil. Necesito que me asegures que no es una trampa para mandarme al infierno.

Después de convencerlo de dejarse ir, nos dijo:

Pido ver la Luz… Ya se abrió una puerta de donde sale una luz muy fuerte, es cierto, me jala con fuerza irresistible, pero se siente muy bonito… Ya voy, no sé adónde, pero a un lugar precioso. Gracias.

Después, la mujer que llegó con él nos habló así:

Soy quien mandó matar a Efraín. Sí, aunque no lo crean. Me morí en la hacienda mientras dormía y nunca saqué el mentado tesoro. Desde entonces no me perdono lo que hice, me siento mala y no me merezco el perdón de Dios. Veo en ustedes a quienes me pueden dirigir a la salida de este calabozo. Ya vi a Efraín que salió y se fue no sé adónde.

Le explicamos que Dios no castiga, que todo lo perdona y que lo único que tenía que hacer es desear ir a Él. Después de pedir perdón por lo que hizo, finalmente se liberó.

En el primer caso, el ser se encontraba atrapado en su deseo de venganza, y en el segundo en la culpa. Muchos años han pasado desde que estas personas murieron, quizás más de cien, pues desde ese tiempo el lugar ya no es hacienda sino una localidad de la Ciudad de México. En el Astral no existe el tiempo, solo intensidad de pensamiento, y la estancia en el Bajo Astral dura lo que se estacione la mente en esa emoción. Podemos entender entonces que el infierno es en efecto un mero estado de conciencia.

Durante nuestras reuniones vienen a nosotras almas dirigidas por seres encargados de ayudar a quien se encuentra desorientado. Hay ocasiones en que los que mueren no se percatan de que ya no pertenecen a este plano. Esto pasa generalmente en una muerte repentina, ya sea por accidente, asesinato o cualquier otra razón.

Los juerguistas

En una ocasión, Isabel vio a tres jóvenes, uno de los cuales parecía que estaba dormido y no podía despertar. Yo oí el nombre de Nicolás, a ella le llegó Luis, y las dos oímos Manuel.

Me mandaron a verte y no sé ni para qué. Estamos muy contentos, nos pusimos hasta arriba y nos despertamos en este lugar que no entendemos qué es. Oímos voces que nos dirigieron contigo que no sé quién eres ni qué diablos estamos haciendo aquí. ¿Tú tienes droga o algo divertido que darnos? Me llamo Manuel.

Le contestamos que estaban muertos para el mundo físico y que ahora les correspondía estar en otra dimensión, en una vida que era maravillosa, bastaba con que quisieran ir a ella.

¡Cómo que estamos muertos! Solo estamos borrachos y drogados pero vivitos y coleando.

«Hagan una prueba para ver si tenemos razón. Traten de atravesar esa puerta que está cerrada. Si la atraviesan quiere decir que ya no pertenecen a este mundo y entonces lo que tienen que hacer es girarse hacia la Luz».

Vamos a atravesar la puerta... Sí pudimos... Pido ver la Luz, nos vamos al mundo que ahora nos corresponde.

¡Es a toda madre! Gracias por decirnos adónde ir. Ocú-
pense de Luis, está muy mal, estaba muy drogado y no
se ha dado cuenta de nada.

En efecto, Luis seguía dormido. Preguntamos a nuestros guías y recibimos el siguiente mensaje:

Nos preguntan por qué está Luis inconsciente. Se
drogó mucho para evadirse de su realidad y su pen-
samiento sigue en eso. Se necesita que le envíen mu-
cha luz para que despierte de su ensueño.

Estos jóvenes seguramente murieron en un accidente debido a su estado. A pesar de haberle enviado luz a Luis no se movió y hasta mucho tiempo después no tuvimos noticias de él. Una tarde como tantas otras, de pronto se nos presentó. Había vuelto delgado con el pelo alborotado y los ojos muy abiertos, era otro, dispuesto a que se le ayudara, dispuesto a escuchar; entonces procedimos a guiarlo hacia la Luz. Finalmente se liberó y se fue.

En el caso muy particular de este joven, el deseo de escapar de su realidad y de su familia, le hizo drogarse y lo mantuvo en un sueño muy prolongado. No despertó hasta que la fuerza de ese pensamiento se diluyó.

El hombre del calabozo

Es increíble ver cómo se me acercan personas con depresión recurrente, con una tristeza que no pueden describir, aun haciendo lo posible por salir de ella. Este es el caso de Clara.

Clara había probado una terapia de regresión, pero le había sido imposible ver nada relacionado con su pasado. Solo veía a un hombre desaliñado, detrás de unas rejas. Vino a pedirnos ayuda y, al principio de la sesión, Isabel describió lo siguiente:

«Un hombre muy flaco, viejo, con pelo desordenado, muy sucio y con profundo dolor en el rostro está detrás de Clara».

Le hablamos como solemos hacerlo a lo que él respondió:

No vas a poder conmigo, me voy a quedar con ella porque voy a deshacer su vida. Me dio una vida imposible, fue lo más cruel que se puede ser, me volví loco por ella y luego me abandonó. Es alguien que no se merece el perdón de nadie.

Al momento que Clara le pedía en voz alta perdón, él contestaba:

Ya sé, ya oí, pero eso es ahora, ya no se acuerda de cuando yo le rogaba y me mandaba al diablo, no se acuerda de que me puso en un calabozo para no escucharme, así que es una desgraciada y no la voy a dejar, ahora que la encontré.

Este pobre ser se encontraba detenido por el odio y la venganza y se había pegado al aura de Clara para destruirla. A estos seres se les llama «obsesores», tema que más tarde explicaré con más detalle.

Después de convencerlo, por fin dijo:

Abrazo la Luz, me voy a ella, es algo maravilloso, gracias, gracias.

Esta experiencia ha permitido a Clara salir de la depresión y ser menos aprensiva, al mismo tiempo que le fue posible seguir la terapia de regresión a vidas pasadas, la cual fue muy útil.

Federico

La enfermedad mental provoca una debilidad en el aura de quien la padece exponiéndolo a que una entidad del Bajo Astral logre ocupar y casi dirigir la vida de esa persona. El enfermo mental cae en la obsesión y se encuentra dolorosamente atrapado entre su realidad, producto de la misma enfermedad, y los tormentos ocasionados por aquellas entidades que lo perturban divirtiéndose con él.

Por otro lado, en diversas ocasiones se confunde un psiquismo real con una supuesta enfermedad mental, puesto que la persona es capaz de ver o escuchar lo que puede confundirse con alucinaciones que corresponderían a un desorden mental. Es muy triste que estos últimos casos no sean bien diagnosticados, lo que provoca que estas personas sean encerradas en hospitales psiquiátricos y se las medique con fuertes drogas.

Tuvimos la oportunidad de conocer a Federico, un joven encantador que padecía esquizofrenia paranoide. Vino en busca de ayuda por diversas situaciones a las que se enfrentaba y que no lo dejaban en paz. Nos las describió así:

«No puedo ver la televisión, el presentador de las noticias siempre se dirige a mí, siempre me molesta diciéndome cosas. No puedo escuchar la radio, porque siempre la música se para y alguien me habla, me dice cosas que me dan miedo».

Federico estaba cansado de asistir al psiquiatra y que este le prescribiera más medicamentos, cuando lo que quería era simplemente sentirse mejor y poder hacer una vida normal. Para nosotras, Federico implicó un gran reto, ya que tuvimos que entender sus síntomas de esquizofrenia, pero a la vez, descubrimos que en efecto estaba siendo ocupado por entidades maléficas que lo asediaban. Decidimos ayudarlo y procedimos como es costumbre. Sin embargo, fue necesario encontrar las palabras adecuadas para no despertar su desconfianza ni su temor.

Durante la sesión llegaron, en forma de guía, mensajes como el siguiente:

Federico está muy enfermo y esa misma enfermedad lo ha hecho vulnerable a entidades del Bajo Astral que se sienten atraídas por él. Necesitan enviar mucha luz y escucharlas para dirigirlas a la Luz.

Es evidente que Federico está muy enfermo, y más aún, que su enfermedad le hace imaginar muchas cosas, pero es cierto que en aquel momento había tras él cuatro entidades de muy baja densidad, que Isabel describió así:

«Son cuatro hombres de muy mal aspecto, que literalmente se están mofando de él, saben que le causan confusión, saben que lo asustan y eso los tiene allí pegados».

Al darnos cuenta de esto, no podíamos comunicárselo a Federico, él sería capaz de imaginar toda una historia que le podría provocar una exagerada angustia. No obstante, como es de suma importancia que la persona sea muy consciente de que quiere alejar aquello que la molesta, era esencial que él nos ayudara a ahuyentarlos. Procedimos entonces a hablarle así:

«Imagina algo muy bonito que te provoque mucho amor, abrázalo, dale todo tu amor, suéltalo y pídele que todo aquello que te causa temor y angustia se vaya hacia la Luz».

Es importante recordar que Federico no tiene capacidad de abstracción debido a la esquizofrenia que padece y, por lo mismo, tuvimos cuidado de no disparar su imaginación. Al final pudimos hablarle encontrando las palabras adecuadas para no asustarlo, y juntos logramos hacer que las entidades se fueran. Aunque poco tiempo después supimos que había mejorado notablemente, por desgracia, Federico seguirá siendo vulnerable al acoso de estos seres.

Posteriormente recibimos de los maestros este mensaje:

La enfermedad mental es una tendencia que se trae de nacimiento como el alcoholismo o la depresión. Se origina en los circuitos cerebrales en donde se desconectan ciertos «cables» que funcionan para la conexión con esta realidad. Esto se destapa generalmente bajo la influencia de algún factor externo que causa trauma psicológico y entonces el individuo no desea vivir en la realidad que lo circunda, ni vivir los obstáculos que se le presentan y se evade de esta manera, encontrándose así en una situación mucho más difícil. El problema es que una vez que se desconectan los «cables» no es posible reconectarlos correctamente porque sobrevienen una serie de reacciones físicas que descomponen el orden de los circuitos eléctricos del cerebro. Estos enfermos son campo fértil para las entidades errabundas de baja vibración que los poseen y atormentan empeorando su estado.

Se preguntan por qué se permiten estos casos y, como todo en la vida, es elección de quien lo sufre como compensación a desarmonías pasadas. El verdadero sentido de la locura es para compensar alguna vida de crueldad extrema y vivir una experiencia en la Tierra sin vivir enteramente su realidad. Van a entender que quien la sufre necesita de ese karma para limpiarse y que en ningún caso es una injusticia. Vean en esto la sabiduría infinita del Plan Divino.

A continuación, aportamos el testimonio de John Nash, premio nobel de economía, que padece una enfermedad mental y quien tuvo crisis psicóticas en el pasado; actualmente a pesar de sufrir este trastorno, está controlado con medicamentos. En una entrevista con el periódico *Excelsior* relata lo siguiente:

«Tuve que ser internado en un hospital tras varios episodios de disfunción social y al final mejoré, pero no pude evitar un grado de infelicidad en mi ánimo y en mi conducta. Era infeliz al recuperarme porque la normalidad no me hacía feliz. La locura empieza cuando descubres una segunda realidad en tu mente y a veces la eliges, porque te hace más feliz que la normalidad. Así alcancé un punto en que yo era más feliz loco que cuerdo. Llega un momento en que se te hace difícil distinguir entre la realidad y la ilusión y vas eligiendo cada vez más la vida ilusoria, así te conviertes en disfuncional».

Cómo la mente rige la apariencia de los desencarnados

El espíritu o chispa divina del ser humano se desdobla, al densificarse, en varias capas energéticas que se consideran como cuerpos sutiles y que en realidad son diferentes aspectos del mismo. La triada superior, compuesta por el cuerpo espiritual o conciencia pura; el cuerpo causal, en el que se graban las experiencias recibidas durante todo el proceso de manifestación y evolución, y el cuerpo mental superior que procesa los pensamientos que vienen del espíritu. Siguen los cuatro cuerpos inferiores, el mental inferior, que recibe los pensamientos egocéntricos; el cuerpo astral o emocional, donde se generan y se graban las emociones necesarias para vivir en el mundo tridimensional, y el doble etérico que absorbe la energía universal que da la vitalidad al cuerpo físico. Estos dos últimos, que en realidad son uno, son la parte mortal del ser humano.

Los que han muerto para este plano, cuando se nos presentan se ven como ellos se piensan. Nuevamente, en todo momento es la mente la que rige nuestra realidad.

Nuestro cuerpo astral es el que se retira del físico en el momento de la muerte acompañado de todos los demás, es el molde energético del cuerpo físico que acaba de dejar. Está constituido de materia vibratoria mental y, por lo tanto, su forma obedece a los pensamientos de la persona. Nuestra mente crea nuestra apariencia y después de la muerte física nuestra creación es más efectiva. Si al morir nuestra mente sigue apegada a la apariencia que dejamos, nos presentaremos así, pero si preferimos aparecer en el momento de nuestra plenitud, esa será la apariencia que adoptaremos. De allí que cuando se percibe la presencia de una persona muerta la veamos como ella se piensa en su apariencia.

Para ejemplificar lo anterior relatamos dos casos en los que es muy clara esta situación.

Jorge

En una ocasión estando con Isabel sintió la presencia de alguien que no permitía ser visto por ella. Después de tratar de identificarlo, nos habló así:

Me escondo de Isabel porque no quiero que me reconozca. No me ve porque no quiero que me vea, vas a entender que si me ve y me describe tu no vas a creer quién soy. Morí después de mucho dolor, mucha culpa y mucha resistencia pues no quería morirme. Ahora estoy en lo que se llama purgatorio sintiendo todo lo que le hice a mi esposa y todo lo orgulloso que fui. Tú te has dirigido a mí como «pavo real». Sí, soy Jorge, desde que oí voces que me dirigieron a ustedes, no pude creer que hacían lo que hacen, pero no quiero que me vea Isabel, no quiero darle la apariencia que ahora tengo, es la miseria de lo que queda y de lo que fue Jorge.

Lo que le sucedía a Jorge era producto de su pensamiento al sentirse disminuido. Como era sumamente vanidoso, el drástico cambio físico causado por su enfermedad lo tenía muy disgustado y no quería mostrarse así ante nosotras que lo habíamos conocido cuando era guapo.

Yo estaba pagado de mí mismo y no veía a nadie además de mi persona. Ahora lo estoy pagando muy duro porque no te imaginas los remordimientos que se tienen en este lugar por haber sido tan ególatra.

En el caso de Jorge su pensamiento estaba fijo en su mala apariencia, por lo que así se mostraba, mientras que en el caso de Eduardo él se nos presentó con la apariencia que tuvo en su mejor época, la cual ya no correspondía al momento de su muerte.

Eduardo

Eduardo murió repentinamente después de un accidente de motocicleta, y su familia, muy desconcertada, decidió venir a hablar con nosotras. La tarde que vino Mariana, su esposa, junto con el hermano de Eduardo y su mejor amigo, Eduardo se presentó. Mariana, evidentemente muy triste, temía estarlo llamando, no dejándolo partir, lo sentía constantemente a su lado y se estaba aferrando a él. El propósito de su visita era despedirse y no interrumpir su camino.

Cuando Eduardo se aparece, Isabel sin haberlo visto antes lo describe así: «Veo a un hombre no muy alto, con barba y bigote, pelo oscuro, rellenito y con mirada amistosa que me guiña el ojo mientras se dirige a Carmen». Cuando Isabel nos habló de Eduardo, Mariana sorprendida comenta que él hacía mucho que no se veía así, pero que la descripción correspondía al mejor momento de su vida, y que además le gustaba guiñar el ojo. Eduardo, fue un hombre feliz, estaba ya listo para partir, su actitud era tranquila y lleno de amor habló a su familia:

Mariana debo decirte que te amo muchísimo, y todo lo que haya pasado entre nosotros no vale lo que nuestro amor. Me voy porque ya entendí que me toca irme, pero creo entender que todo tiene un sentido y veo que es para tu crecimiento. Ten la seguridad de que nunca te abandonaré, que estaré siempre pendiente y que espero que encuentres la felicidad en este mundo que se logra con el deber cumplido. Me voy con la seguridad de que nada te faltará, adiós mi amor, más bien hasta la vista...

Dirigiéndose a su hermano dijo así:

Mi queridísimo hermano, sé que mi partida ha provocado mucho dolor, pero creo entender que era necesario que fuera así... Al principio sentí mucho coraje al perder la vida, pero en este tiempo en que he reflexionado sobre muchas cosas y que oigo voces que me aclaran el objetivo de la vida, me he dado cuenta de que todo lo que sucede es por algo...

Por último, la habló a su amigo:

Cuate querido solo te digo que gocé muchísimo tu compañía que no se va a interrumpir. Me dicen que adonde voy no solo es el cielo, sino que se puede seguir en contacto con quienes queremos... sigue informándote sobre la muerte y el objetivo de la vida, te puede ayudar a vivirla con más sentido...

Antes de partir dijo lo que sigue:

Agradezco a todos su ayuda, ya me voy a una luz maravillosa, varios cuates me están acompañando. Se abre una vida de felicidad que no se conoce en la Tierra. Acá los espero y mientras tanto prepárense a vivir la vida en amor que es lo único que vale.

Nos preguntamos cómo aquellos quienes han avanzado a los siguientes planos pueden seguir en contacto con quienes seguimos aquí. Muchas personas han experimentado situaciones en las que aseguran haber tenido contacto con sus seres queridos quienes llegan en momentos de angustia, desesperación o enfermedad con el propósito

EL ENCUENTRO CON ISABEL

de ayudarlos. Los mensajes de amor y aliento en determinadas situaciones llegan en forma de sueños o de pensamientos muy claros. Quienes están en la Luz nos protegen de distintas formas, nunca nos abandonan y de vez en cuando se les permite acercarse y ser percibidos por nosotros.

El error de muchas personas es que al perder al ser querido físicamente pretenden retenerlo y perpetuar la relación con esa persona, olvidando que la relación en amor es infinita y que los lazos no se rompen. Aquellos que han muerto necesitan avanzar en los distintos planos, debemos dejarlos ir, y convertir la relación en una nueva llena de Amor y confianza de que nunca nos abandonarán aunque se vayan a otros planos. Respecto a la necesidad de quienes estamos aquí de retener a nuestros seres queridos junto a nosotros tenemos el ejemplo de Ileana y Osvaldo.

Osvaldo

Osvaldo murió después de una larga enfermedad. Su viuda quedó en total desolación y enojo por haber partido antes que ella dejándola con un sinfín de problemas sin resolver. Ileana desesperada cree percibir que Osvaldo después de dos años de muerto se le aparece y la ayuda a resolver sus dudas. El enorme deseo de su compañía hace que imagine que Osvaldo le dice qué hacer y que lo vea constantemente. Como ya dijimos antes, nuestros seres queridos nunca nos dejan solos, sin embargo, no de la manera en que estamos programados para que suceda. No necesitamos verlos ni sentirlos cerca para saber que allí están, pero a Ileana le cuesta mucho trabajo entenderlo e idealiza una relación inexistente. Un día Osvaldo habló con su hija de la siguiente manera:

Tu mamá no debe obsesionarse con mi presencia. Ella necesita sentirse protegida y por eso me siente cerca, lo cual es cierto, pues no la olvido. Trato de ayudarla dentro de mis posibilidades, pero el que me vea y hable conmigo es una ilusión que prefiere creer. Yo le mando energía amorosa para ayudarla a seguir el camino que le falta en esa dimensión, pero no es sano para ella obsesionarse con mi presencia cerca de sí pues no es el caso. Protege a tu madre y acércate lo más que puedas a ella para que no se sienta sola, que es lo que más le atormenta. Solo te puedo decir que sigas por el camino que vas que es el único importante en la vida, la espiritualidad. Con todo el amor del que fuera tu padre.

Cómo Ileana, hay muchas personas que no pueden desprenderse de los que se van provocando un lazo energético que los ata a una dimensión que no les corresponde ya. Quienes ya están en planos más avanzados nos dicen que los mensajes de luz jamás dan órdenes, o direcciones precisas para actuar de tal o cual manera. Sus mensajes nunca provocan inquietud ni angustia, solamente paz.

Capítulo III

MANIFESTACIÓN DE LA CONCIENCIA UNIVERSAL

La fuente de toda creación es conciencia pura… potencialidad pura buscando expresarse de lo inmanifiesto a lo manifiesto.

Himno de la creación, Rig-veda

La creación nace del deseo de la Fuente de Toda Vida o Conciencia Universal, a la que llamamos Dios, de manifestar su poder creativo y compartirlo con sus criaturas, sus hijos espirituales.

La Fuente de toda Vida o Dios Padre decide manifestarse y crea, extendiendo su misma esencia, a Dios Hijo o lo que se entiende por Conciencia Crística que abarca toda la creación; el Espíritu Santo es la comunicación y el amor entre ambos, siendo todo una unidad. Nuestro Ser individual se originó en el deseo de una parte de la Conciencia Crística de experimentar la dualidad para entender y apreciar mejor el Absoluto.

Somos multitud de conciencias individuales porque la energía de la Mente Infinita del Creador se multiplica en infinidad de criaturas que creen estar separadas unas de otras experimentando diferentes situaciones, pero en realidad somos todos UNO con el Padre, solo que no tenemos conciencia de ello mientras estamos inmersos en la dualidad. Así, Dios Hijo o Conciencia Crística se compone de supuestos individuos, algunos de los cuales deciden experimentar la dualidad, quienes son los seres evolutivos, mientras que otros constituyen las huestes angélicas. Los ángeles y su jerarquía no están viviendo la dualidad, sino que son células de la Conciencia Crística que ayudan a los evolutivos en su aventura, primero creando los escenarios donde actuarán estos y después ayudándolos a salir de la ilusión.

Es absolutamente cierto que este mundo y lo que pasa en él es una ilusión, un sueño que no tiene realidad, porque nunca nos hemos separado de Dios, eso es imposible. Todos los seres humanos llegarán un día a despertar de este sueño. Son millones de criaturas actuando por ellas mismas, aunque en realidad son una UNIDAD. Van a ir despertando poco a poco para acabar con esta pesadilla y en cuanto despierta una atrae a las de su alrededor, por eso es importante expandir esta enseñanza para que abarque al mayor número posible de seres humanos y que a su vez estos arrastren a otros a salir de su sueño.

Si se entiende que para salir de la dualidad se necesita practicar el amor, que abarca el perdón, el no juicio, la generosidad y la unión con todo lo que existe, no es necesario más, es el único camino para despertar de este sueño. Cada uno llega a esto por diferentes caminos y filosofías, pero mientras nuestra atención y nuestra mente sigan puestas en la dualidad, el despertar será imposible.

En el principio era Él quien es todo lo que existe, y al desear manifestar su poderío y amor nos dio la existencia. Cuando estábamos en el océano de su Ser y nos separamos en conciencia, aunque no en realidad, en multitud de gotas, cada una se manifestó en diferente forma y con distinta misión y propósito. Esas gotas somos todos los seres conscientes, desde los ángeles y su jerarquía hasta nosotros los seres evolutivos que somos los seres humanos. La creación siempre fue y siempre será, mientras un universo se contrae otro se expande y todo lo que sale de Él regresa a Él. Al volver a reintegrarnos a la FUENTE DE TODA VIDA llevamos con nosotros todas nuestras experiencias que compartiremos con el Todo. Al volver al océano todas las gotas se funden en Él y dan el color que recogieron en su recorrido de manifestación contribuyendo así al colorido maravilloso del océano.

Este concepto sobre la creación así como el hecho de que hemos sido nosotros, los seres humanos, quienes decidimos voluntariamente internarnos en la oscuridad para entender y apreciar lo que es la Luz, nos hace comprender con más claridad el objetivo de nuestra existencia en el plano tridimensional. No se trata de la voluntad de un dios que premia o castiga, que supuestamente es justo, pero da a unos todo y a otros solo carencias, que ha creado un mundo en el que las diferencias de destino, la maldad y el sufrimiento no tienen explicación. Veamos lo que los maestros nos dicen sobre estos temas y el significado de nuestro pasaje por esta realidad.

Cuando el Altísimo decide manifestarse se proyecta en infinidad de chispas de su propia consciencia, otorgándoles la libre decisión de actuar como lo decidan con la intención de experimentarse Él mismo a través de ellas. Su creación se concreta con la participación activa de esas chispas divinas que son a la vez individuos y parte de lo mismo, partículas de un Todo al que llamamos Dios. Esas partículas somos cada uno de los seres conscientes que vivimos en el universo físico y otros más de los que los seres humanos no tienen conocimiento.

Al desear manifestarse nuestro Creador, lo hace en multitud de formas, ya que todo lo que existe es Él. Su materia prima, que es la energía universal, se transforma de mil maneras creando las diferentes manifestaciones de su poder creativo. Al irse densificando su energía va conformando los diferentes planos y van surgiendo los distintos universos. Este en el cual se mueve el ser humano no es el único, existen muchos otros universos que se encuentran en otros planos y que son aún más reales que este, ya que pertenecen a dimensiones superiores.

Toda realidad pertenece a una determinada dimensión; por esta se entiende el grado de sutileza de vibración de la energía. Al densificarse esta energía, se crean las distintas materias de que está hecho nuestro universo material, pero al paso del tiempo este universo pasará a la siguiente dimensión. Vive y muere como todo lo que pertenece al mundo ilusorio del plano físico, mas nada muere en realidad, todo se transforma. La energía que forma la materia física va elevando su frecuencia hasta reintegrarse al Origen para volver a materializarse y obtener experiencias. Cada ciclo creador es eterno en términos de tiempo, pero el tiempo y el espacio, como los concebimos en el mundo físico, no son tales. Obtener conocimiento de lo que significan el tiempo y el espacio es algo que todavía no ha alcanzado la mente humana porque le es imposible entender la simultaneidad y la unión del Todo. Se dará ese conocimiento a nivel científico en un futuro no lejano y entonces entenderá el ser humano su verdadera naturaleza divina.

Nosotros somos parte del Todo, pero dentro del mundo del Absoluto no podíamos experimentar su magnificencia, ya que no hay algo que no sea Él, su totalidad hace que no exista comparación alguna. Por lo tanto, hemos deseado saber experimentalmente lo que somos y para ello se necesitó crear el mundo de la ilusión de dualidad, en donde voluntariamente entramos y nos alejamos en conciencia del Absoluto, olvidando nuestra pertenencia al Todo. Vivimos entonces la separación de cuanto nos rodea, cubriéndonos de miedo y formando así el ego que se cree individual y separado de los demás. Esto ha sido necesario para vivir la experiencia del NO-SER y así descubrir nuestro verdadero SER y ser de nuevo UNO con el Creador y su creación, lo cual requiere de todo un proceso de evolución dentro de la limitación del mundo físico.

Este proceso ha sido voluntario y tiene como meta reconocernos como parte de ese Todo, después de habernos experimentado como lo que no somos, para entender la maravilla que somos en realidad. En este recorrido nos perdemos muchas veces, pero las leyes que el Altísimo instauró nos regresan al camino correcto que nos devuelve al Origen.

La humanidad está actualmente en el proceso de despertar del sueño en el que voluntariamente entró, en el período de reencuentro con la realidad y el poder de nuestra mente. Cuando se dispara el deseo de trascender es porque el alma ya tiene el anhelo de regresar al hogar. Cada día vemos cómo hay más personas que buscan la trascendencia, que buscan la Luz porque ya no quieren estar más en la oscuridad.

Ha sido nuestra voluntad bajar a lo más denso de la creación, no solo para ejercitar nuestro poder creativo, sino también para experimentar la oscuridad, lo que NO-ES, lo que no tiene existencia real, el mundo de la ilusión. ¿Cuál ha sido el objetivo de este experimento? Si solamente conocíamos la Luz que es armonía, belleza, felicidad, quisimos tener algo con qué comparar eso que éramos para así poder apreciarlo mejor. Al entrar en el sistema dual en donde todo tiene su opuesto, pudimos pasar por la oscuridad para apreciar la Luz, experimentar el dolor para gozar el placer, saber qué es el bien al experimentar el mal, qué significa la felicidad cuando se ha pasado por el sufrimiento, qué es la armonía después de haber estado inmersos en la desarmonía de este plano, donde reinan la ambición, el odio, la manipulación y toda clase de actitudes opuestas al amor.

Nuestro pasaje por la densidad se efectúa mediante un proceso evolutivo en el que la ley de causa-efecto nos va poco a poco haciendo comprender el camino de regreso al Creador. El infringir la ley universal del Amor nos provoca un efecto negativo que nos hace comprender a la larga que nuestro actuar falto de amor no es el que nos lleva a la armonía. Cuando actuamos desde el odio, el rencor, la envidia y la venganza, nunca obtendremos una satisfacción profunda; en cambio, cuando se actúa desde el perdón, la generosidad, el amor, en suma, es cuando la verdadera satisfacción se obtiene.

Vivimos en el mundo del olvido de quiénes somos realmente como una experiencia voluntaria de crear algo que es lo contrario a nuestro verdadero Ser. No ha sido un acto de rebelión hacia Dios, como algunos lo ven, sino un acto de verificación de lo que somos. No podríamos saber a ciencia cierta lo que significa la Grandeza Divina sin antes experimentar la limitación en forma humana. La imperfección del mundo, en los humanos y en los animales, surge de nuestra creación imperfecta, que no es la creación directa de Dios y está concebida para que todo nazca, viva por un tiempo y muera, puesto que se trata de una realidad ilusoria. Nada en esta es eterno porque pertenece al sueño que hemos querido experimentar, y esta misma imperfección nos conduce al despertar. Si se habla de que el ser humano vive un sueño significa que ha olvidado quién es en realidad para despertar después y así poder apreciar el Absoluto.

La decisión de entrar en la ignorancia de nuestro verdadero Ser y de separarnos en conciencia del Todo, aunque no en realidad, ya que formamos parte indivisa e integrante de Él, ha sido un acto que será gratificado con la enorme felicidad de redescubrir la Fuente de Toda Vida a la que llamamos Dios. De Él sale la energía que se transforma en las diversas formas de la creación. Todo lo que existe tiene el mismo origen y está formado de la misma sustancia, la energía universal, de donde se infiere que todos somos Uno y lo mismo.

Es difícil entender cómo el Altísimo es todo lo que existe y a la vez la Fuente de Toda Vida, al que se le conoce como el Inmanifestado. Así es, hay una fuerza de vida que se expande y se contrae cíclicamente, eternamente. Al ser conceptos muy difíciles de captar para la mente humana encarnada, cada uno lo explica de diferente manera. Estamos ahora en el momento del cambio de vibración de la Tierra y la humanidad ya está preparada para entender mejor conceptos más profundos. El Altísimo no es una entidad separada de su creación, Él es toda ella, es Él manifestado, pero nunca se divide, sino que está en todo, no está separado de sus criaturas. Sin embargo, existe esa Fuente Eterna de Vida que elige manifestarse primero expandiéndose en múltiples formas y reabsorbiéndolas después. No podemos entender qué es hasta llegar a la fusión con Él, pero solo podemos saber que es conciencia infinita, sabiduría ilimitada, amor y armonía perfectos. Al vivir el camino de la evolución están ayudando a la creación a que entienda lo que significa todo esto, el alcance de esa magnificencia, pues sin vivir lo opuesto no entenderían muchos de sus atributos. Cuando se está siempre en la Luz no se sabe la maravilla que esto significa si antes no se ha pasado por la oscuridad.

Volveremos a la Fuente acompañados de todas nuestras experiencias, y al llegar a la fusión con Ella compartiremos con nuestros hermanos todo lo que hemos vivido. Esto es muy difícil de entender con nuestra conciencia limitada, pero solo tenemos que asumir que nuestra esencia es ilimitada y capaz de comprenderlo todo.

El verdadero objetivo de vivir esta experiencia corresponde a la decisión de nuestro Padre de expandirse hasta lo más denso posible y volver a la sutileza infinita de su vibración. Desea expresarse en todas las formas posibles, y el plano físico es lo más opuesto a su esencia, que es amor, equilibrio, armonía y unión. Los seres que aceptaron incursionar en él dan con su aportación a la creación el verdadero sentido de toda ella. Es decir que al aceptar pasar por la ilusión de lo que NO-ES, de lo opuesto a su verdadera esencia, motivan el descubrimiento de la Realidad Única, ya que sin ese proceso no podría el Creador experimentarse a sí mismo. Él es movimiento, no podría ser inmovilidad porque no sería. La esencia del Ser tiene que ser movimiento, la inmovilidad sería muerte verdadera, vida es movimiento continuo.

Mente y conciencia

Nuestra mente no es conciencia sino el acto de pensar o acción pensante. Conciencia es *per se*, es la que todo lo abarca y todo lo sabe.

Nuestro Ser es divino y por lo tanto es conciencia ilimitada. Conciencia significa conocimiento profundo de la Verdad Única y cuando esta se ve cubierta por la ignorancia de lo que en realidad es, sobreviene el estado de inconsciencia.

El hecho de querer experimentar lo contrario de lo que somos, nos hace necesitar de un instrumento para procesar pensamientos de separación que se conocen como «mente». La mente es la procesadora de los pensamientos que necesita el ser encarnado para vivir esa experiencia en la tercera dimensión, pero también procesa el pensamiento que viene del Espíritu o chispa divina, la cual es conciencia. El pensamiento de nuestro ser encarnado es débil en cuanto a crear, pues, aunque tiene ese poder, no es tan poderoso como cuando está libre de la limitación del cuerpo físico.

La mente es el instrumento del pensamiento y se necesita para experimentar la separación, pero en cuanto nos acercamos a la unión con el Todo, esa mente desaparece para que el Ser se una a la Conciencia Universal, en donde todo ES, donde no hay separación y nuestro ser individual se funda en el océano de nuestro Creador.

La mente es la herramienta necesaria para vivir en este mundo. Sin embargo, para estar en contacto con el espíritu que es conciencia hay que aquietarla, lo que se logra por medio de la meditación. La conciencia está siempre allí pero como está cubierta por el ego no aflora y no puede manifestarse en su totalidad. Se puede contactar la conciencia pura de nuestro ser despojándonos de la mente y permitiendo su manifestación a través de la intuición y la percepción profunda de los acontecimientos de la vida. No debemos cubrirnos de culpa por estar en el error, sino tomar conciencia de ello y cambiar nuestra impresión del mundo y sus actitudes en contra del amor, comprendiendo que pertenecen a algo que no es real, ya que la única realidad es Dios que es amor, armonía y perfección.

El ego

El ego es el yo separado y limitado que creemos ser en el ensueño en el que vivimos, pero del que tenemos que despertar para volver a la totalidad.

Cuando entramos en la ilusión del olvido de nuestro verdadero Ser, nos separamos en conciencia de nuestro Creador, aunque no en realidad pues esto sería imposible. Nos creemos separados de Dios, de todo lo que nos rodea, y nos invade el miedo. Para contrarrestarlo desarrollamos una serie de mecanismos de defensa como la necesidad de sobresalir, de ser aceptados incondicionalmente, de ser reconocidos, de poseer, de controlar, actitudes todas que conforman el ego. No obstante, se necesita tenerlo para vivir la experiencia del mundo dual, aunque en el curso de la evolución nos iremos deshaciendo poco a poco de él. Sin embargo, para internarse en la oscuridad y olvidarse de lo que somos, seres divinos que decidimos practicar el olvido para entender mejor lo que significa la grandeza y magnificencia de Dios, el ego nos es necesario.

En el momento en que los seres humanos en el No-Ser de la experiencia humana ven a su alrededor una amenaza a su integridad es porque viven en un entorno de falta de amor. Es el miedo el que empuja al ser humano a actuar en contra del amor, al ser su contrario, y entonces aparecen las actitudes de codicia, avaricia, envidia, mentira, engaño, ira, apego, vicio, crueldad y maldad en todas sus formas porque se actúa desde el temor y no desde el amor.

Si entendieran que no hay nada que pueda atacar a su Yo Superior, no verían al mundo como una amenaza sino como algo que no tiene existencia real. Si es cierto que se puede agredir a la manifestación física, también es cierto que esta es solo una envoltura del verdadero Ser, que es invulnerable y que está viviendo la ilusión de la vida en el plano físico. Lo que le acontece al ser humano diariamente es con el fin de que recupere la conciencia unificadora y es su Yo Superior el que acepta y organiza esas experiencias.

Cuando el ser humano va al mundo dual y olvida que somos todos Uno se cubre de miedo. Es el miedo el que provoca las actitudes que conforman el ego, pues al sentirse superior se siente más seguro. Si es aceptado y reconocido se colma su deseo de ser amado, si posee bienes ellos satisfacen parcialmente su vacío existencial y si puede controlar a los que lo rodean, siente con ello que es dueño de la voluntad de los demás, lo que le quita la inseguridad. Sin embargo, todas estas actitudes no son más que paliativos al verdadero sentimiento de abandono y soledad que se experimenta en el mundo físico.

El miedo es el que mueve el mundo porque al separarnos en conciencia del Todo, el temor a la soledad se apodera de nuestra alma, nos sentimos abandonados y vulnerables. Todos tenemos esa huella profunda, ese miedo primordial que da origen a todos los demás, que es lo que provoca la llamada maldad, que surge de la ignorancia de nuestra propia divinidad.

Nuestro Ser Superior sabe que no está solo ni abandonado pero la experiencia de la oscuridad nos hace creer eso. El ego es nuestro falso yo, del que surgen pensamientos profundamente erróneos al creerse separado, como la idea de competitividad. La meta es sobresalir a cualquier costo olvidando el amor, en lugar de dar lo mejor de uno mismo en beneficio de la comunidad. Necesita el ser humano de la admiración, aceptación y reconocimiento del mundo para sentirse feliz, pero si lo obtiene se da cuenta de que eso no le proporciona la verdadera felicidad. Lucha por poseer dinero, objetos y propiedades materiales de toda índole, encontrando satisfacción en ello, pero sin nunca saciarse. Cree encontrar la plenitud en obtener el control sobre su vida y la de los demás, es decir en el poder, sin embargo, esto también es una falacia porque cuanto más poder se tiene más apartado se está de los demás, lo que aumenta el sentimiento de separación.

Es el ego el responsable de nuestros sufrimientos porque sufre cuando se ve contrariado en sus deseos de ser aceptado y reconocido. Se disgusta si algo se opone a cualesquiera de sus deseos de posesión o de control. El ego se oculta bajo mil formas, es astuto, manipulador y lucha por no desaparecer. Cuando se le enfrenta se disfraza para no ser reconocido.

Hay diferentes maneras en que el ego se manifiesta. Por ejemplo, en la crítica hacia los demás, ya sea en su presencia o a sus espaldas, está implícita la necesidad del ego de sobresalir y sentirse superior a los que son el objeto de su juicio negativo, en lugar de pasar por alto el «error», sea o no cierto, de quien es criticado.

El quejarse continuamente de lo que nos hacen, coleccionando afrentas con los respectivos resentimientos, hace sentir al ego merecedor de todo y superior en todos los aspectos. Él tiene la razón y los demás están en el error. Aunque sean ciertos algunos agravios, se tiene que entender que quien los comete es por falta de conciencia, en cuyo caso hay que dejarlo pasar y perdonar, pues el mal que nos ha podido causar se convierte en una oportunidad para aprender y crecer.

El patrón de víctima es otra manera que tiene el ego de llamar la atención. Si alguien no es capaz de provocar admiración por algo positivo, lo hace por todo lo que ha sufrido y sigue sufriendo porque es una manera de provocar compasión y simpatía, por lo tanto de ser especial.

La timidez no está carente de ego. Generalmente el tímido tiene una visión negativa de su persona, y aunque quisiera la admiración del público, siente que no es suficientemente inteligente, bello, simpático, rico, por lo que teme que la atención de los demás se convierta en crítica y no recibir la aceptación que desea.

Quien pretende saberlo todo, tener siempre la razón y que los demás estén equivocados, es también víctima del ego por la necesidad sentirse superior.

Al ego no siempre se le detecta fácilmente, pero si hacemos el esfuerzo de siempre estar atentos a nuestros pensamientos, deseos, emociones e intenciones, lo veremos llegar muchas veces disfrazado de corderito. ¿Cómo contrarrestar el sentimiento de separación? Tomando conciencia de la unidad que somos todos. ¿Cómo dominar al ego? Conociéndolo primero y estando alertas a su aparición y a sus embates.

El individuo egocéntrico nunca es feliz, es más, generalmente se manifiesta en esta clase de personas una fuerte neurosis. La razón es que, al centrarse únicamente en su persona, se aleja de su verdadero Ser, de su esencia que es unión. Es la actitud de separación por excelencia que cree encontrar la felicidad en el halago, la aceptación y la superioridad sobre los demás y en la satisfacción de sus deseos. Esto no trae más que frustración pues nada de esto llena el vacío existencial del ser humano que se separa en conciencia del Todo.

Con el dinero tampoco obtiene felicidad y plenitud y en cuanto a la fama y el poder, lo aíslan cada vez más de sus congéneres. Esta postura es en extremo dolorosa porque se actúa completamente en contra de lo que somos, sentirse separado y superior no hace más que acentuar la desolación del alma que ha perdido la conciencia de unidad.

Vivimos en un estado de conciencia todavía alejado de la unión, podemos ver la extrema competitividad que impera en todas las actividades humanas. Como ejemplo, en los juegos de competencia, en los que la alegría del que gana significa el dolor del que pierde, no se puede considerar que estén basados en el amor sino en el deseo de sobresalir y arruinar al contrincante. Así, desde el juego hasta los negocios, todo se basa en la competencia.

Otra variante del ego es la culpa. Una cosa es reconocer que se ha cometido un error, que por grave que sea, solo nos queda aceptar con humildad, y que se ha dado por ignorancia y falta de conciencia, lo que nos servirá para no repetirlo, y otra muy distinta es culparnos continuamente por no ser perfectos. No aceptamos habernos equivocado porque eso nos aleja de la perfección a la que aspiramos y entonces no podemos perdonarnos nuestra imperfección. Esta última actitud es soberbia.

Si entendemos que venimos a experimentar la imperfección, que es parte del plan de vida en este mundo, la verdadera humildad consiste en aceptarla. En el momento en que tomemos conciencia de nuestro ego, empezará paulatinamente su desaparición y comenzará a aflorar nuestro verdadero Yo.

La humildad

En el punto en que tomamos conciencia de que todos somos Uno y que formamos parte del Todo, ya no hay lugar para sentirse ni superior ni inferior a los demás. Somos la puntada indispensable para el dibujo del tejido de la creación, cada uno tiene un sitio y un propósito específico para la armonía del cosmos.

Cuando se comprende esto, desaparece la necesidad de sobresalir, de ser aceptado y reconocido y de controlar a los demás.

La verdadera humildad consiste en ser conscientes de que si nos sentimos separados del Creador no somos nada, pero si comprendemos que somos una manifestación de su infinita grandeza y sabiduría somos Todo con Él. Al estar en el Todo y ser conscientes de ello desaparece el ego y se es en verdad humilde.

En cuanto ya no nos afecten emocionalmente ni la crítica ni el halago, estaremos practicando la humildad. Ser humilde es aceptar y reconocer tanto las cualidades como los defectos que se tienen, y sentirse unido a Todo lo que Es.

El apego

La huella de abandono está inscrita profundamente en el alma humana y se manifiesta en los múltiples miedos que experimenta. Nuestra ignorancia de la única realidad que es Dios y de su amor y armonía perfectas hace que nos apeguemos a lo que el mundo físico ofrece, ya que es lo único que por el momento vemos. Al sentir que algo de lo que nos da seguridad se nos escapa, vivimos en el terror de sentirnos solos y vulnerables. Son los afectos humanos los que más seguridad nos proporcionan puesto que emulan el amor divino que hemos perdido. Los apegos de todo tipo son los que nos limitan y esclavizan, impidiéndonos avanzar en el sendero.

Es muy común el apego a los seres amados, ya sea a los hijos, al compañero, al amigo. Sin embargo, una cosa es el amor y otra muy distinta el apego. Este último tiene mucho de control, no queremos que el ser amado sea libre, deseamos controlar todos sus movimientos bajo el pretexto de ayudarlo y estar pendientes de él. Hay en esto también soberbia al creernos indispensables en la vida de quien amamos. De la misma manera sentimos que ellos nos son imprescindibles para nuestra felicidad; pero la felicidad no depende de nada externo a nosotros, está en nuestro interior y en la plenitud que provoca la unión con el Todo.

Como ejemplo de esto relato el caso de dos señoras que después de muchos años de haber perdido a su madre sentían continuamente su presencia. Ella nos habló así:

Me dan la oportunidad de hablar con mis amadísimas hijitas a las cuales he seguido en todo su desarrollo. Ahora acabo de oír que tengo que irme no sé adónde, pero no quiero dejarlas, me hacen mucha falta y creo que yo les hago falta también. Aunque no lo sepan, yo las he ayudado a tomar decisiones a lo largo de su vida, y si su hermano llegó adonde llegó también fue gracias a mí. ¿Qué pretende esta señora que me oye? ¿Que los deje? No estoy dispuesta. Cuando perdí mi cuerpo, mi desesperación fue grande, dejé a una familia desamparada y tú sabes la falta que hace en el medio familiar la madre. Desde entonces mi único empeño ha sido tratar de ayudarlos desde aquí y creo que lo he logrado.

Este ejemplo es muy ilustrativo del supuesto amor que en realidad es control y soberbia de sentirse insustituible. El hijo del que habla, es hoy una persona exitosa que ocupa un puesto muy importante. A pesar de su obstinación, pudimos convencer a esta alma para que fuera a la Luz y se liberara al fin.

El apego afectivo puede ser de tal intensidad que es capaz de sobrevivir de una vida a otra. Como ya se ha dicho antes, el tiempo en esa dimensión no existe, aferrarse a una idea estanca el camino de ese ser y este permanece inamovible. No importa la índole del apego, sea cual sea, siempre entorpece la evolución del individuo. Sobre esto hablaré a través de la historia de Isaac y Sara:

Me dan al fin la oportunidad de hablarte Sara de mi alma. No me escuchas y siempre estás ocupada en otras cosas olvidando nuestro amor. Te he visto involucrándote en otros amores y eso no lo soporto, me duele y no dejaré que nadie te quite de mí. Ahora dime, ¿no te acuerdas cuando hicimos el pacto de que no nos dejaríamos en toda la eternidad? Has faltado a tu palabra y eso me enoja muchísimo. Desde que nos quemaron y morimos cogidos de la mano no te he soltado, pero siempre has querido tomar otro cuerpo y vivir alejada de mí. No te dejaré nunca, nunca. ¿Me entiendes?

Esta comunicación llegó mediante mi escritura dirigida a mi amiga Elena, quién a lo largo de su vida no había tenido más que dificultades tanto económicas como sentimentales. Pudimos entender que la entidad que se dirigió a ella había vivido como su esposo, quizá en el tiempo de la Inquisición Española y que por ser judíos los llevaron a la hoguera. Como él dijo, la había seguido por muchas vidas. A continuación, le hablamos sobre la vida que le esperaba, enviándole energía de amor, a lo cual respondió:

Me dices cosas bastante difíciles de creer. Recibo el amor que me envía Sara, pero no me iré de su lado hasta que se muera y vuelva aquí adonde estoy, que, aunque es cierto que es un lugar oscuro y frío, con su amor se calentará y se abrirá la luz.

¿Qué clase de apego es este que puede llevar a un ser a estar en un hoyo negro, haciendo la vida imposible a quien dice amar, en lugar de ir hacia donde le corresponde? Esto no es amor. Finalmente, Isaac pudo irse a la Luz después de un trabajo de convencimiento en que, junto con Elena, le enviamos mucha energía de amor para ayudarlo a despegarse de la vibración densa en la que estaba inmerso. Nos preguntamos cómo ha podido Isaac reconocer a Sara a través de diferentes vidas en las que tenía distintas personalidades y aspectos. Una vez desprovistos del cuerpo físico, en ese otro plano las almas se reconocen por frecuencia vibratoria sin importar la apariencia que puedan tener.

El apego a los bienes materiales también entorpece el fluir hacia la Luz. Hay varios ejemplos de almas que se quedan apegadas a objetos, casas, dinero, posición. En una ocasión acudí al llamado de una amiga que tenía problemas en su casa. Ella se quejaba de que al estar en su habitación sentía como si la estuvieran observando, además de que a veces algunos objetos caían de su escritorio sin razón aparente, se oían ruidos y se movían cosas. Al llegar a su casa hubo un mueble, que, entre muchos otros, no sé por qué llamó mi atención. Se trataba de una librería antigua. Al entrar en comunicación con el ser que habitaba la casa, me dijo lo siguiente:

Me doy cuenta de que me puedes escuchar, al fin alguien con quien puedo hablar. Vine con algo que trajeron a esta casa y que me pertenecía. Desde que perdí mi cuerpo estuve en ese mueble que tanto amaba y del cual no quise separarme. Cuando llegué aquí me di cuenta de que la dueña podía percibirme y traté de llamar su atención, pero no me hace caso. Quisiera poder decirle que me gusta y que quiero estar con ella siempre, pero es difícil que se dé cuenta de mi amor. Ahora que te encuentras aquí conmigo y que puedes escucharme quiero decirle que me gusta, si no te importa hacer de intermediaria.

Después de hablarle como suelo hacerlo y convencerlo al fin de seguir su camino hacia la Luz, le pregunté a mi amiga de dónde venía la librería que me había llamado la atención. Me contestó que la había comprado en una casa en la que el dueño había muerto y se vendían todos sus muebles. En efecto, los problemas coincidían con la llegada de ese mueble a su casa.

Vivimos en el ensueño de la vida física que es una ilusión porque no tiene realidad eterna. Es transitoria y está diseñada para vivir la experiencia de lo que NO-ES. La única realidad perdurable y eterna es el Absoluto, así como nuestra esencia que forma parte de Él. Para despertar de este ensueño tenemos que elevar nuestra conciencia hacia la unidad, darnos cuenta de que no estamos separados y de que nuestro verdadero Ser es divino. Es el amor el que nos llevará a ese despertar, dado que el temor en el que vivimos es su contrario.

Vivimos en este mundo de ilusión experiencias que nos llevan a entender su impermanencia y su volatilidad, ya que nada nos colma profundamente nuestro anhelo de algo que no acabamos de detectar y que no es más que la unidad con Dios y con todo lo que existe. Vemos en lo que ofrece esta vida muchas distracciones y nos apegamos a las satisfacciones que ofrece, lo que nos retarda en la verdadera meta de regresar al Origen. El apego encadena mientras que el desapego libera.

No obstante, toda nuestra experiencia está sostenida por la Voluntad Divina, ya que nada puede acontecer que vaya en su contra; por lo tanto, cómo podría el Ser

Supremo castigarnos cuando estamos actuando según su plan de creación. Él es amoroso y nuestra existencia se debe a su amor.

El alma

Estamos constituidos de cuerpo físico, que en nuestro actual estado es perecedero, de alma, que es perfectible, y de espíritu que es perfecto. El alma es el receptáculo del espíritu, y tendrá que entrar en un cuerpo para poder manifestarse en este plano. Al desear el ser divino que somos experimentar el mundo físico, necesita tomar un vehículo álmico que le permita adaptarse a esa experiencia, ya que si no tuviera elementos de esta esfera, no podría hacerlo. La chispa divina no tiene emociones, necesidades físicas, sentimientos, y al tomar el elemento álmico del reino animal que posee todo lo que le permite defenderse en el mundo físico, además de lo que se entiende por instinto, que es toda esa serie de comportamientos que sirven para la supervivencia y la conservación de la especie, se obtiene un alma que ya tiene las armas necesarias para adaptarse a la experiencia física.

Cuando comienza la vida en el mundo físico empieza por crearse el reino mineral que es el de más densas vibraciones. Todo lo que existe en el plano físico necesita de un elemento espiritual que lo anime al que llamaremos alma grupal. La que anima a los minerales vibra a una frecuencia muy lenta, toma experiencias en ese reino hasta que pasa al siguiente estado que es cuando aparece la vida del reino vegetal. Allí el elemento álmico va siendo de vibraciones más sutiles, ya hay vida y muerte del vehículo vegetal, emociones incipientes y reproducción. Cuando aparece la vida animal, el alma grupal que la anima va cada vez individualizándose en la medida en que se incrementa la conciencia de los animales. Cuando ese elemento álmico que tiene materia espiritual de los tres reinos llega a la individualización, está ya lista para constituir un alma humana y recibir la chispa de la conciencia Divina. Es esta última la que se encarga de formar el alma que será capaz de contenerla y después entrar en un cuerpo humano que le servirá de vehículo para experimentar el mundo tridimensional. No quiere decir esto que el alma de un león se convierta en alma humana, sino que para formar esta se necesita elemento álmico de los tres reinos. Nuevamente la chispa divina organiza lo necesario para su manifestación en el plano físico.

Una vez que bajamos a esta densidad y empezamos a experimentar la oscuridad, tendremos que sutilizar las vibraciones del alma con el objeto de evolucionar y retornar al Origen. Esta evolución se efectúa a través del camino espiritual mediante la oración, la meditación, la ayuda a los demás, la práctica de las diferentes virtudes como son la aceptación, la humildad, el desapego, la generosidad, en una palabra: el AMOR.

De lo que se trata al venir a esta dimensión es de desarrollar las diferentes virtudes que nos acercan al Infinito, a pesar de las trampas que se nos presentan. Un alma nos habla de su experiencia.

Mi paso por la Tierra significó un año de escuela en el que me había propuesto aprender la humildad, teniendo en contra todo lo que no te la facilita, es decir, belleza, dinero y éxito. Creo que lo logré porque siempre fui consciente de ello y nunca quise dejarme llevar por el orgullo. A pesar de no haber estado inmerso en el camino espiritual, mi conciencia me hablaba de lo que debía hacer y tuve mucho cuidado de nunca engreírme ni ser déspota con quienes me rodearon. Esto te lo digo para que veas cómo se puede aprender una virtud, aun teniendo todas las situaciones adversas para su práctica.

Se nos pueden presentar situaciones más engañosas en las que es posible confundir el propósito espiritual con el ego. Damos aquí un ejemplo de lo que este puede hacer, como en el caso de un alma que vino a pedir ayuda cuando nos encontrábamos Isabel y yo reunidas. La figura de una monja contrahecha, probablemente por la artritis, se presentó a la visión de Isabel y yo la escuché así:

Estoy viva y no veo ni cielo, ni infierno, ni purgatorio, solo este lugar frío y oscuro. Me morí llena de temor porque no sabía lo que me esperaba, tenía miedo del juicio porque siempre fui muy soberbia, me sentía superior en inteligencia y achacaba mi enfermedad a que se me había dado para volverme santa. Al morir esperaba que me recibieran los ángeles y el mismo Señor Jesús, pero nadie había para recibirme, solo mi vida que pasé en revisión. Me di cuenta de que me metí a monja al saberme no atractiva y no querer quedarme soltera con la humillación de que nadie se había fijado en mí. Otra vez la soberbia. Después, durante la vida en el convento siempre fui impositiva y autoritaria. La religión la tomaba como me acomodaba pues no creía todo lo que decían y nunca tuve el valor de expresar mis dudas y abandonar el convento. Seguí allí llena de amargura y empezó mi enfermedad. Entonces creí que Dios me la mandaba para santificarme y me llené de soberbia, pues me tomé por Santa Teresa de Lisieux.

En este caso ella cayó en la trampa del ego que la hizo creerse santa, distrayéndola del verdadero camino de amor y humildad, hundiéndola en la soberbia de sentirse inteligente y superior a los demás. Después de perdonarse, encontró el camino que la condujo a la Luz.

La voluntaria interrupción del embarazo

Existe una gran controversia en lo que concierne a la voluntaria interrupción del embarazo; mientras algunos aceptan esta práctica considerando que la madre tiene el derecho de decidir si acepta o no el tener ese hijo, otros la rechazan pensando que se trata de un asesinato. Veamos lo que nos dicen los maestros a este respecto:

Como todo en la vida, siempre hay algo de verdad en todos los puntos de vista sobre un mismo tema. Es cierto que la vida es un don divino que nadie tiene derecho a interrumpir, pero también es cierto que no se trata de un asesinato porque el alma no ha tomado posesión del cuerpo todavía. Se está preparando el vehículo que el alma utilizará para manifestarse en el mundo terrenal pero de ningún modo es asesinato; se está impidiendo que un alma encuentre su vehículo para la experiencia que necesita en el mundo físico, eso sí.

Es también cierto que cada quien es dueño de aceptar o no una experiencia determinada y cuando una mujer decide no dar la oportunidad a un alma de expresarse en el mundo tridimensional, es válido; aunque tendrá las consecuencias de su decisión, es decir un karma provocado por el voluntario rechazo a dar cabida en su vida a un ser que lo necesita. Debe quedar claro que todos los embarazos son el resultado del deseo de encarnar de un alma, no son nunca un hecho que se dio al azar. Desde esta dimensión se promueve el deseado noble acontecimiento de la concepción y después el alma nutre con energía ese feto que se constituirá en su casa. No desea el alma que se obstaculice su intención de encarnar y desde ese punto de vista es reprobable el aborto, pero también se toma en consideración la voluntad de la que decide efectuarlo siguiendo sus determinadas circunstancias.

Se ha podido observar, ya sea mediante videncia o en regresiones, que no hay una regla para el momento en el que el alma toma posesión del cuerpo. Parece ser que el alma entra y sale del cuerpo que se está formando y que le servirá de vehículo para su manifestación en el plano físico, alimentándolo con energía.

Capítulo IV

DIOS Y LA VERDAD

La Verdad no está todavía al alcance del ser humano, únicamente podemos percibir vislumbres de la Verdad Total que se encuentra en Dios. Como esta tiene múltiples facetas, cada uno ve un aspecto de ella hasta donde su estado de conciencia se lo permite. No es que unos estén en lo cierto y otros en el error, sino que cada uno capta diversos aspectos de la misma verdad que no alcanzamos a entender en su totalidad. Somos una unidad vibratoria única y diferente por lo que cada uno procesa la información de distinta manera. El estar encarnados nos impide tener una visión clara de lo que es el cosmos, la naturaleza de Dios y nuestra esencia que es parte de Él. Lo siguiente es un mensaje de los guías sobre el concepto de Dios.

¿Qué es Dios? Es esa Fuente Infinita de amor, de energía de la que se compone cuanto existe y que la humanidad, en su limitadísimo estado de

conciencia, no alcanza a comprender en toda su magnitud. Cada uno lo describe a su manera, pero nadie tiene la capacidad de entender su verdadera naturaleza, porque es el Todo y a la vez es el Origen de su creación, está en ella y a la vez se absorbe en el Origen después de manifestarse.

Los budistas no consideran a Dios como una entidad aparte, sino que lo entienden como el Todo al que ha de reintegrarse el género humano después de liberarse de esta dimensión. Si muchas otras religiones lo consideran como una entidad separada de su creación es porque ven otro aspecto o punto de vista de lo mismo, es decir, ven en Él el acto de crear, por lo que se considera una entidad separada de su creación. No podemos explicarlo en términos humanos, pero lo que unos y otros entienden no está alejado de la realidad, solo se trata de dos percepciones diferentes de lo mismo.

Dios es y no es separado de su creación, pues es a la vez toda ella y la Fuente de Vida que la origina. No podemos comprender su Ser y Esencia, solo sabemos que es conciencia y poder ilimitados, dentro de su Ser somos, pero al mismo tiempo Él dirige la creación. Vive y actúa a través de ella y sin embargo existe esa Gran Conciencia, esa Fuente de Energía que se transforma y actúa creando los diferentes planos de existencia.

La Fuente de Vida de todo lo que existe se manifiesta en su creación que es Él manifestado y a la vez es ese principio único que se considera como el Inmanifestado. Su Ser es su manifestación y su inmanifestación, no está separado, está en todo y a la vez es el Origen de todo lo que crea, dando su infinito amor a todo lo que sale de su esencia para recogerlo después con ese mismo amor. Es el alfa y omega, principio y fin de cuanto existe.

Vivimos envueltos en una bruma que nos impide captar la totalidad. Esta ceguera ha sido intencional y necesaria para experimentar esta aventura en la que después de cubrirnos de ignorancia y olvido, tenemos que redescubrir nuestro verdadero Ser con el propio esfuerzo. Ha sido un juego que nos entorpece el descubrimiento de la Verdad que mora en el núcleo de cada uno. Si nos giramos hacia nuestro interior, poco a poco iremos quitando los velos que cubren la Verdad y alcanzaremos a liberarnos.

Vivir en el mundo material es vivir en la ignorancia de nuestra esencia y ha sido voluntad nuestra entrar en el olvido y la inconsciencia para redescubrir la Verdad con nuestro propio esfuerzo.
El entendimiento de las verdades cósmicas, de cómo funciona la creación, de la verdadera naturaleza de Dios y de la suya propia está lejos de la comprensión humana. Cada uno tiene un concepto distinto de

Dios al que muchos le prestan cualidades humanas en las que reflejan sus propias carencias. Conciben a Dios como quien necesita del halago y la alabanza de los humanos para estar contento, si esto no se hace a la manera de lo que dice cada diferente religión, Él se enoja y castiga a quien no obedece las reglas establecidas en cada una de ellas; necesita Dios del buen comportamiento de sus criaturas pues sin ello se entristece y se ofende. El verdadero volcán de amor que es nuestro Creador, no necesita de nada de eso, Él es Todo, lo tiene todo y permite que los humanos se equivoquen en su actuación contraria al amor para que al experimentar la desolación que esto provoca vuelvan poco a poco a reencontrar lo que en realidad son, que es amor y dicha, y así puedan apreciarlo.

Dios está en todo, no hay nada que pueda contrariar su voluntad. ¿Entonces cómo puede ser que acepte la maldad y la crueldad extrema? Se necesita pasar por la oscuridad profunda para apreciar la Luz y a los que sufren de la maldad les ayuda este sufrimiento para desapegarse de la vibración terrenal. Nada está hecho al azar, el Plan Divino de creación es perfecto, siempre existe la reacción que lleva al equilibrio. Dios es armonía y equilibrio perfectos, y eso es lo que obtendremos al final de nuestro recorrido evolutivo.

Cada religión o buscador tiene diferentes conceptos de la verdad. Lo único importante es llegar al amor, el camino que se tome carece de importancia mientras se practique.

Nuestra conciencia despierta del sueño paulatinamente. Poco a poco la conciencia colectiva de la humanidad se va abriendo a verdades más profundas y entendiendo mejor lo que significa Dios. En tiempos antiguos no le era posible al hombre la abstracción del pensamiento, necesitaba de figuras concretas a las cuales referirse y es por eso que en las distintas religiones se representaba a la deidad de alguna forma tangible. Al mismo tiempo, se les atribuía a los diversos dioses el control de los distintos poderes de la naturaleza y de las circunstancias de la vida, representándolos también de manera visual.

La conciencia humana actual ya está lista para abstraerse en el concepto de un Dios no personal sino total.

El significado de la religión es ayudar a los seres humanos a encontrar a Dios dentro de ellos mismos y a entender el amor que es la recuperación de la conciencia unificadora. Esto es lo que deberían ofrecer las religiones, pero desgraciadamente han sido manipuladas y reglamentadas por los humanos por falta de conciencia. Cada religión fue inspirada por el Creador y malinterpretada y distorsionada por sus dirigentes. Se trataba de que fueran aptas para la comprensión del pueblo al que iban dirigidas con su idiosincrasia y diferente estado de conciencia, pero en realidad poco quedaba del mensaje original como poco ha quedado del verdadero mensaje de Jesús. Él habló del Dios interior, de que todos somos hijos de Dios, del amor a todos y a todo, del no juicio; de todo esto muy poco ha quedado intacto ya que se han hecho distintas interpretaciones.

Ya llegó el momento en que todo eso cambie, se llegará en un futuro no muy lejano a que se suprima toda la paja y las reglas absurdas de las diferentes religiones y solo quede lo esencial. Es allí donde se unirán todas las religiones del mundo, en el AMOR UNIVERSAL y el encuentro con nuestro Ser Superior.

De qué sirve conformarse con ser generoso, compasivo, buena persona, si interiormente no hay una auténtica búsqueda de Dios. Si entendiéramos esto profundamente, las diferencias ideológicas no tendrían sentido, simplemente existiría el deseo intenso de encontrar a Dios, siempre a través del amor.

El error de creer poseer la Verdad es inmovilizar la propia percepción de ella en un estado monolítico y no abrirse a nuevas interpretaciones más profundas y con mayor sentido. La humanidad está en evolución y, de la misma manera que la ciencia avanza en sus descubrimientos sobre las leyes del plano físico, también el criterio y la interpretación de las verdades espirituales avanzan en una comprensión más acertada de ellas, puesto que las conciencias están ya aptas para entenderlas mejor. La conciencia colectiva de la humanidad está en continua evolución. Hay pruebas incontestables de ello, por ejemplo, la esclavitud que, aunque en algunas ocasiones está presente, ya no es aceptada por la comunidad humana; la violencia que engendra la guerra es cada vez más rechazada mientras que anteriormente era algo considerado como justo y normal. La Organización de los Derechos Humanos ha sido instituida con una intención positiva, aunque en ocasiones se cometan abusos en su nombre; cada vez hay más preocupación por la ecología que trata de contrarrestar la agresión que se le ha infligido al planeta. Actualmente son profundamente apreciadas y admiradas las personas altruistas que trabajan por el bienestar de sus congéneres; hay un rechazo cada vez más amplio a la pena de muerte. Todas estas actitudes no existían y demuestran que la conciencia de la humanidad está cambiando.

Sin embargo, todavía hay muchos que encuentran difícil cuestionarse sobre lo que han recibido como verdad absoluta y pensar por sí mismos. Es el miedo, y en ocasiones también la comodidad, lo que les impide salirse de las reglas que les han impuesto. Igualmente por miedo, no son capaces de asumir la responsabilidad de sus actos, descargando esta en un tercero, llámese institución, dirigente, o de cualquier otro modo.

El fanatismo

El fanatismo es un estado de conciencia que nace del miedo y por lo tanto del ego. En el principio de su recorrido evolutivo, el ser humano necesita acogerse a alguna creencia que le dé seguridad; el individuo que todavía no es capaz de pensar por sí mismo y asumir su propia responsabilidad, se atiene a lo que otros le indican como camino correcto y no se atreve a salirse de esas premisas; entonces sobreviene la soberbia de creerse poseedor de la verdad absoluta. Estos extremos llegan en ocasiones a ser de tal intensidad que promueven la agresión y la violencia al surgir en el fanático el deseo de control y dominio sobre los que no piensan como él y sus correligionarios.

Los fanáticos de una ideología, de una religión, de un partido político, generalmente corresponden a un lavado de cerebro por el que han adoptado ideas que no son suyas. Sin embargo, son capaces de dar su vida por esas ideas que no son propias, no se atreven a cuestionarlas ni a escuchar nada que pueda ir en contra de su programación. Cuando se atacan sus creencias y convicciones reaccionan emocionalmente dispuestos a pelear por ellas. Este estado de conciencia es parte del camino evolutivo y se supera cuando el individuo está listo para pensar por sí mismo y tomar su propia responsabilidad ante la vida.

Hay una diferencia entre la espiritualidad y la religión. Se pueden seguir las reglas y los dogmas de una religión sin por ello ser espiritual. De la misma manera, la espiritualidad no siempre está basada en una determinada religión, sino en el estado de consciencia de la persona, en hasta qué punto ha entendido y practicado el amor.

Quien desea avanzar en el encuentro con la verdad tiene que estar abierto a descubrir nuevos conceptos y no quedarse con su verdad congelada, sino buscar profundizarla.

La frase de Jesús «sed como niños para poder entrar al reino de los cielos» quiere decir que debemos estar abiertos a las enseñanzas que nos proporciona nuestro devenir por la experiencia de la vida, sin prejuicios ni ideas preconcebidas. Si lo sabemos ver, en cada momento hay una posibilidad de dar amor; vivir en el amor es lo que se nos pide, pues hemos de volver a él después de habernos alejado de la conciencia de unidad. El amor es unión con todo lo que existe, vivimos creyendo que estamos separados del universo y de Dios, en lugar de entender que formamos parte de ese Todo. Ser como niños significa también reconocer nuestra total dependencia de Dios.

Los deseos

Sentimos que siempre nos falta algo, lo que da origen a los deseos. Si deseamos es porque existe una carencia y eso es lo que percibimos mientras estamos en el plano físico. Ese algo no es otra cosa que la unión con el Todo. Fuimos creados en el amor divino que significa unión y la separación que estamos voluntariamente experimentando nos produce una gran desolación. Lo único que llenará ese vacío es la unión con el universo que es Dios y su creación.

Si el ser humano busca llenar ese vacío con deseos banales de todo tipo, encuentra que a cada deseo cumplido le sigue otro de inmediato, que cada objeto obtenido después de febril espera, no le llena como esperaba pues el placer que le proporciona es efímero. Así pasamos la vida, envueltos en deseos que se suceden unos a otros sin obtener nunca la plenitud esperada. Surge un sentimiento profundo de insatisfacción después del fugaz placer del deseo cumplido; sobreviene entonces la sensación de no tener suficiente, de necesitar más, de poseer más y así en una concatenación sin fin los deseos no cesan.

Al enfrentarse el ser humano a su desolación, el dolor es tan grande que busca llenar el vacío del alma con poder y dinero. El coleccionista es el que al sentir ese vació cree que lo puede llenar adquiriendo y acaparando muchos objetos de la misma índole, buscándolos en lugares difíciles y lejanos, y cuando obtiene un objeto que por su rareza solo él posee, encuentra en ello gran satisfacción. Pero,

¡ay!, cuán efímero es el gozo del triunfo, inmediatamente buscará encontrar otro objeto que le proporcione el mismo placer. Así se pasa la vida sin encontrar jamás la plenitud. Esto mismo se aplica a los buscadores de dinero, hacen negocio tras negocio, cuando han cerrado uno ya están buscando el siguiente que les proporcionará un nuevo triunfo, pero que no les llega nunca a colmar sus ansias de llenar ese vacío existencial.

Esta fijación por lo material nos distrae de volver la vista hacia la espiritualidad. Si no se busca la felicidad que reside en la paz interior que se obtiene actuando en todo momento con amor y generosidad, el ser humano estará siempre vacío. Lo único que otorga la plenitud del alma es el amor incondicional puesto que es la energía de la que estamos constituidos; solo si se actúa así, se estará actuando en concordancia con nuestro Verdadero Ser.

Goza la vida porque para eso fue hecha. El sufrimiento nace de los deseos incumplidos y estos son la trampa de la vida en el mundo físico. No se necesita desear lo positivo porque es lo único que tiene existencia real, es decir, nuestra esencia es armonía, felicidad, unidad..., y lo que se vive en el mundo dual es muy difícil que sea real pues se vive en un sueño que no es la realidad. Es por eso que se tienen deseos de todo tipo para tapar la infelicidad que produce la separación. Basta con despertar a nuestro ser real para Ser, y en ese estado no se necesita desear nada porque se tiene todo. Al entrar en nuestro verdadero Ser, los deseos desaparecen, solo se experimenta la plenitud que no admite ninguna carencia. Se es todo con el Todo.

El dolor y el sufrimiento

El sufrimiento es provocado por la insatisfacción de nuestros deseos. Creemos que para calmar el dolor dichos deseos deben ser satisfechos, aunque en realidad el dolor profundo de la separación no se sana nunca mientras la conciencia de unidad no nos regrese a la realidad.

Cuando decidimos experimentar esta vida, sabemos de antemano que el sufrimiento es parte de ella y lo aceptamos, porque sabemos que el dolor es necesario en esta experiencia y la felicidad que se obtiene al regresar a la verdadera vida, es indescriptible.

El verdadero sentido del dolor es volver a la conciencia unificadora.

Al internarnos en el mundo ilusorio de la tercera dimensión necesitamos de estímulos dolorosos para no quedar atrapados en él; no es que el dolor sea un castigo, sino que al oponerse al bienestar del individuo en el mundo físico, le ayuda a desapegarse del atractivo que este le ofrece. El dolor es necesario para elevar la vibración de las células del cuerpo y cuando se acepta no aparece el sufrimiento, que nace de la oposición a lo que está sucediendo. El dolor es parte de la vida, el sufrimiento no necesariamente.

Nuestra alma necesita de estímulos dolorosos para crecer hacia la Luz, y antes de aceptar la aventura del mundo físico sabe que los experimentará; el dolor no es negativo, sino un acicate para elevar la vibración tanto del cuerpo como del alma. Vivir en perfecta armonía sin nunca haber experimentado dolor alguno es una vida de descanso en la que no se aprende gran cosa, a menos que ese bienestar y equilibrio se utilicen para dar amor y servicio a los demás. Las vidas con muchas penas son «cursos intensivos» que el alma escoge para avanzar en su reencuentro con su Ser Divino. Actualmente se está dando mucho sufrimiento alrededor del mundo y es con el propósito de ayudar a la humanidad a dar el salto a la siguiente dimensión, en la que se vivirán la fraternidad y el amor, no únicamente como conceptos, que en esta se tienen, sino que se vivirán profundamente. En este «final de los tiempos» el dolor estimula las conciencias a buscar respuestas al eterno misterio de la vida.

En el proceso de evolución que es necesario para volver al Origen, se viven múltiples experiencias, muchas de ellas dolorosas, como efecto de acciones discordantes cometidas en distintas vidas. Estas experiencias nos ayudan a compensar esos errores.

El aquí y ahora

La única realidad que existe y de la que disponemos es el momento presente. El pasado es un recuerdo de un *ahora* que fue en su momento y el futuro es un *ahora* imaginario. Vivimos en el pasado que nos proporciona una identidad que nos da seguridad, o en la espera del futuro que contiene la promesa de cualquier realización que deseamos. Es nuestra mente la que nos impide vivir en el presente. Ya sea que guardemos recuerdos que nos provocan ira, resentimiento, baja autoestima, dolor, todas ellas emociones negativas que nos impiden disfrutar el presente, como de la misma manera la añoranza de la pérdida de la juventud, la belleza, el dinero, el éxito, la posición, nos atrapan en un eterno pasado.

También vivir en la fantasía de lo que todavía no sucede, por un lado. los sueños de deseos por realizar, y por otro, el miedo a los posibles acontecimientos negativos, como el miedo a la soledad, a quedarse sin dinero, a enfermedades, robos, secuestros, asaltos o a cualquier pérdida no nos dejan vivir el momento presente. El precio de perpetuar el pasado o vivir proyectado en el futuro es muy alto. No solo se pierde la energía para enfrentar la única realidad que se tiene, sino que se vive en constante ansiedad, preocupación o nostalgia. Al tener puesta la atención en otra realidad, nos perdemos de lo que *aquí y ahora* acontece y cuando nos damos cuenta, ese ahora ya pasó.

La clave es enfocarnos al momento presente en donde podemos actuar sin preocuparnos de lo que acontecerá en un futuro y sin arrastrar lo que sucedió en el pasado. En el momento en que paremos el diálogo mental y la atención esté completamente en el ahora, podremos entrar en contacto con el Infinito, en donde se experimenta gozo y armonía y el tiempo no existe, solo un continuo Eterno Presente.

Al estar en ese estado de armonía, ya que no hay juicio ni pensamiento alguno que nos sumerja en el tiempo, nos es posible percibir la unión con el Todo. No estamos separados, no existe ni el pasado ni el futuro, solo el momento presente, el *ahora* que no se ve teñido de ninguna emoción que nos reporte al tiempo.

Capítulo V

DIFERENTES EXPERIENCIAS DEL YO SUPERIOR

Cuando el Espíritu o chispa divina, al cual se le llama Yo Superior, Ser Esencial, Yo Total, desea experimentar el mundo físico, se proyecta en varias personalidades que experimentan, cada una, diferentes vivencias de manera simultánea en distintos momentos históricos. El tiempo que se conoce en la Tierra no es real, su valor es meramente ilusorio; no es lineal como se entiende mientras estamos encarnados, todo es en forma simultánea en un Eterno Presente. No obstante, existe la libre decisión de actuar, de tomar una dirección u otra, lo que implica diferentes reacciones. Puesto que hay acción y reacción, ¿cómo puede no existir el tiempo si hay un antes y un después? A esto se considera movimiento en ese Eterno Presente y aunque cuando se está inmerso en el sistema espaciotemporal no se puede concebir la inexistencia del tiempo lineal como lo conocemos, es posible intuirlo.

Nuestro Ser Esencial, que algunos llaman alma, actúa mediante las diferentes personalidades que proyecta al mundo físico. Cada una de ellas es un aspecto de su propio ser que experimenta diferentes vivencias según lo que desea ejercitar y aprender. Por ejemplo, si una personalidad experimenta la profunda oscuridad, el Yo Total manda otro aspecto de sí mismo a otra experiencia para compensar ese comportamiento que densifica su vibración, ya que lo que una de sus personalidades hace afecta a las demás. Esto solo se puede entender cuando se comprende la simultaneidad y viendo la variedad de experiencias que la chispa divina, Ser Esencial, Yo Total o Ser Superior tiene a lo largo de su evolución.

Cuando voluntariamente el Ser Superior de cada uno se proyecta en varias personalidades, cada una de ellas vive según su estado de conciencia y está conectada con las demás mediante el Yo Total, aunque no tiene plena conciencia de ello.

Transcribo aquí una comunicación que recibió de su padre fallecido una señora, diciéndole que un aspecto de él mismo había reencarnado en el nieto de ella.

Verás en mi bisnieto Alberto muchas características mías, entre otras, el gusto por los caballos. Al mismo tiempo te estoy hablando desde este mundo maravilloso y los dos somos uno. ¿Cómo puede ser esto? Se entiende que el Ser Superior de cada uno de nosotros se desdobla en múltiples personalidades para tomar experiencias en el mundo físico y que el tiempo como lo entendemos en la Tierra no existe. Así debes entender que Alberto y yo somos la misma alma con dos personalidades diferentes, no somos dos almas sino la misma que va a compensar muchas de las acciones que yo hice mal. Verás cómo se siente atraído hacia ti desde el primer momento, una parte de mí mismo está cerca de ti, como era mi deseo ardiente, y te dará el amor que me faltó darte. No te imaginas la interacción que hay entre las almas, van y vienen todo el tiempo en grupos. También se puede encarnar en dos planetas diferentes simultáneamente, solo que los que decidimos evolucionar en la Tierra, generalmente deseamos completar el ciclo en ella.

Al entrar en el mundo dual perdemos la percepción de nuestra esencia divina y olvidamos cómo funciona la creación, nos internamos en la oscuridad y vemos el tiempo como si fuera lineal. En las dimensiones superiores no existe el tiempo como se aprecia en el mundo físico, sino que se entiende que la sucesión de eventos es igual a movimiento. Hay diferentes líneas temporales que se entrecruzan y el Yo Superior de cada uno decide adónde se va a experimentar lo que necesita. Así, si varias veces y en diferentes vidas nos encontramos con la misma alma es porque su Ser Superior decide proyectar alguna de sus personalidades en nuestra misma línea de tiempo para seguir interactuando con nosotros, obteniendo así cocreaciones de experiencias que nos ayudarán a redescubrir nuestro verdadero Ser.

No debe inquietarnos el hecho de que nuestra personalidad actual no sea la única de nuestro Ser. Estamos experimentando simultáneamente diferentes experiencias en distintas líneas del tiempo. Eso significa que esas otras personalidades de nuestro Yo Superior absorben enseñanzas en otros momentos del devenir del mundo y aunque nosotros lo veamos como pasado, presente o futuro, todo sucede al mismo tiempo en el Eterno Presente, nos dicen los maestros. Mientras una personalidad se sumerge en la oscuridad, léase maldad, otra trata de compensar esa actuación; cuando una experimenta una cierta vivencia la otra vive el polo opuesto, a esto se le puede considerar como movimiento. Así sigue hasta agotar el Ser todo el abanico de experiencias que ofrece el mundo material. De esta manera va subiendo su frecuencia vibratoria a través de todas sus vidas mediante los efectos inarmónicos de sus propias vivencias negativas que lo llevan a comprender su error para enmendarlo. El castigo no existe, únicamente los efectos de las causas que lo provocan. Todos pasamos por todo tipo de experiencias, agradables y desagradables, siempre con el propósito de evolucionar y experimentar. Por ello, no todos se encuentran en el mismo nivel de conciencia.

¿Cómo es posible que no exista el tiempo si en un mismo lugar suceden distintos momentos históricos? No se puede comprender esto mientras se está en el sistema espaciotemporal, pero el mismo lugar sirve de escenario a los distintos hechos en el tiempo y quedan grabados allí en el espacio akáshico, que bajo ciertas condiciones se puede ver y algunos videntes son capaces de distinguir. Es el tiempo una manera de percibir la realidad total que no se podría captar mientras se está en el mundo ilusorio de la tercera dimensión. Al tener la visión de otras vidas, estas están sucediendo ahora y vuestro actuar actual puede modificar sus efectos.

Cada día creamos nuestra vida, sus circunstancias y su experiencia pero no lo hacemos a nivel consciente de tercera dimensión, lo hacemos desde el Yo Superior que decide experimentar diferentes vivencias. Se desdobla esa entidad divina en varias personalidades con la finalidad de vivir todo lo que ofrece la tercera dimensión adonde decidió internarse para experimentar la oscuridad y el olvido de lo que realmente Es y así poder apreciar la Luz. Cuando pierde el camino alguna de las personalidades, otra trata de compensar ese extravío.

Nuestro devenir en el mundo de la materia se hace en función de lo que se necesita experimentar para recordar quiénes somos. Necesitamos substraernos

al concepto de tiempo-secuencia de eventos y tra-
tar de imaginar los acontecimientos como conte-
nidos en una enorme esfera, en la que una causa
tiene su efecto en forma instantánea en otra línea de
tiempo. Esto no sucede necesariamente en la misma
vida o experiencia vital; actuar en desarmonía nos
acarrea un efecto discordante, aparentemente más
tarde, pero es inmediato; se manifiesta después en
el movimiento cósmico, sin embargo, todo es si-
multáneo. Ya sea positiva o negativa, toda causa
provoca un efecto de la misma naturaleza.

A algunos les inquieta la posibilidad de que al lle-
gar al Mundo Espiritual no encuentren a sus se-
res queridos que los han precedido. No es así, las
personalidades del Yo Total con las que se vive una
experiencia terrenal vais a encontrarlas al llegar
al Mundo Espiritual, pues lo que encarna es otra
personalidad del mismo. Esto puede aclarar el he-
cho de que todo es simultáneo y de que todo es mo-
vimiento.

Una sola vida en el plano físico no es suficiente para
que el alma experimente toda la gama de vivencias que
le servirán para su aprendizaje. Aprender es en realidad
recordar y puesto que hemos olvidado lo que es nuestra
esencia, volveremos a descubrirla mediante las diversas
experiencias en el mundo físico. Venimos muchas veces a
esta vida física en diferentes cuerpos y personalidades, sin

embargo, somos siempre los mismos. Es como cambiar de vestido y de papel para representar una nueva obra de teatro. Nuestro deseo ha sido bajar a probar todo lo que ofrece el mundo dual para sentir el dolor y el placer, la tristeza y la alegría, el amor y el odio, el poder y la sumisión, la enfermedad y la salud, la riqueza y la pobreza, la bondad y la maldad, con el fin de que a través de todas estas experiencias y mediante nuestro propio esfuerzo podamos descubrir y apreciar la magnificencia del Absoluto. El verdadero trabajo mientras se está en el mundo físico consiste en descubrir la chispa divina que mora en nuestro interior, es decir hacer contacto con nuestro Ser Esencial y así entender lo que en realidad somos.

Cuando se acaba la vida en el mundo físico, el elemento álmico que habitó ese cuerpo emigra hacia el Mundo Espiritual, y sigue allí su proceso. No es esa personalidad la que vuelve a encarnar sino otra diferente perteneciente al mismo Ser Superior. Por eso es que cuando regresamos al Mundo Espiritual nos reencontramos con nuestros seres queridos.

También es necesario aclarar que el Ser Superior es multidimensional y que parte de él se encuentra en el plano angélico, lo que correspondería al ángel guardián.

Vean en el encuentro con seres muy oscuros la diversidad de estados de conciencia de las diferentes personalidades de los distintos Seres Superiores que entran en la oscuridad para experimentarla, mientras que otras personalidades de los mismos, sacan a esas oscuras con su actuar amoroso.

Esta vida en la materia es un sueño, es como una obra de teatro en la que actuamos según lo que buscamos ejercitar. Mientras estamos aquí creemos que todo es real pero solo se trata de una puesta en escena de nuestro Yo Superior para experimentar y aprender lo que se ha propuesto. Se necesita pasar por diferentes experiencias para que nos despierten del sueño al que voluntariamente hemos entrado. Hay momentos de gran dolor durante nuestro recorrido, pero cómo podríamos saber lo que es la dicha sin antes probar el dolor. Si hemos querido experimentar las emociones como el amor humano, la alegría, el dolor, así como la voluntad de expresar nuestra creatividad, necesitábamos de esta oscuridad para actuar de diferentes maneras, primero en oposición a lo que somos, es decir, al amor, para después descubrirlo y apreciar lo que es. Hemos tenido que ejercitar todas las virtudes que engloba el amor, a saber: la paciencia, la justicia, la generosidad, la humildad, el desprendimiento del ego y en general aceptar lo que nos acontece día a día comprendiendo que eso es lo que nos servirá para descubrir nuestro verdadero Ser. La vida en el mundo físico no es más que ilusión y, siempre, siempre, estamos asistidos desde el Mundo Espiritual. Mientras estamos inmersos en la obra de teatro que es la vida física, vemos todo lo que nos pasa como si fuera la realidad. Si nos percatáramos de que no son más que estímulos para abrir nuestra conciencia, no sufriríamos por las nimiedades que nos acontecen. Al decir que la vida en el mundo físico es ilusión se entiende que la única realidad es Dios y su divina bondad. Luego entonces, la maldad y la desarmonía que se viven en el mundo no tienen realidad intrínseca, como la oscuridad no tiene fuerza en sí ante la luz que la elimina. La oscuridad no es más que la ausencia de la luz y esta experiencia humana ha sido diseñada para entender lo que es la Luz Divina.

En efecto, son múltiples etapas las que hay que superar para llegar a nuestro destino, y una vez en el Mundo Espiritual nuestra ascensión continúa, pero eso no quiere decir que por el hecho de haber alcanzado esferas superiores ya no se necesite volver al plano terrenal. Efectivamente, los llamados «malos» vuelven obligatoriamente porque no han alcanzado la frecuencia vibratoria necesaria para escalar el Mundo Espiritual, pero de este se baja también a la Tierra voluntariamente para evolucionar más rápido ayudando a avanzar a los demás. El proceso evolutivo es continuo y también en el Mundo Espiritual se evoluciona, pero la experiencia del plano terrenal es mucho más fructífera. Eso explica los diferentes estados de evolución de las conciencias en los seres humanos. Si no fuese así, ¿de dónde salen los santos y cómo hay seres que no conocen la bondad y el amor? Si solamente hubiese un paso por la Tierra, cómo sería posible que el Creador creara a algunos con la conciencia desarrollada y a otros con esta totalmente adormecida. Es cierto que es un proceso muy complicado para el estado actual de nuestro entendimiento, pero es necesario tener nociones de cómo funcionan las leyes cósmicas.

Cuando estamos inmersos en el sistema espaciotemporal nos es muy difícil entender la simultaneidad de los eventos y por eso se habla de reencarnación, la cual se concibe como las sucesivas vivencias de un alma. Si comprendemos que se trata de las distintas vidas de una misma entidad a través de sus diferentes personalidades, pero de manera simultánea, no se puede hablar de reencarnación.

Sin embargo, para quienes estamos viviendo el concepto de tiempo es más fácil pensar en el término reencarnación. En realidad, cuando se tiene una experiencia de regresión a otra vida, lo que estamos haciendo es conectarnos con nuestro Yo Superior, donde se concentran todas las vivencias de sus diferentes personalidades y por ende, podemos ver lo que está sucediendo AHORA con esa otra experiencia de nosotros mismos.

En términos de no-tiempo, que es la realidad, la reencarnación no puede existir puesto que el pasado y el futuro están siempre presentes, pero mientras estamos encarnados no entendemos cómo puede ser que solo exista un Eterno Presente. Al ser la ley causa-efecto una verdad, se necesita pasar por varias experiencias en la vida física que acontecen simultáneamente para liberarse del ensueño de la vida en la materia física.

Como no podemos entender el no-tiempo, para nuestra limitada conciencia de tercera dimensión la reencarnación existe; con esto podemos decir que nuestra vida actual es el resultado de todas las demás que para nosotros se sitúan en el pasado, pero también en el futuro. Parecería que el futuro está ya predeterminado, pero no es así. Las decisiones que tomamos en el curso de nuestra vida van determinando el futuro probable, así como pueden modificar el karma o efecto de nuestras acciones pasadas. Por lo tanto, tenemos que enfocarnos en el aquí y ahora de nuestra vida y actuar siempre en amor que es unión, erradicando el ego que es separación. Todo esto es algo confuso para nuestro estado de conciencia actual, pero contentémonos con intuirlo.

El tiempo que percibimos en la Tierra es necesario para nuestra experiencia evolutiva. Se requiere de una secuencia para salir de la oscuridad, aunque en realidad se produzca de manera simultánea. Vivimos la experiencia de la dualidad para entender lo que significa el Absoluto, que es lo único que tiene existencia real.

Se necesita comprender que, aunque todo es al mismo tiempo, sí hay una secuencia. Es decir que cuando acabamos una experiencia vital en el plano físico hay todo un proceso de regresar a casa y prepararse a una nueva experiencia que puede ser en lo que llamamos pasado o en lo que se entiende por futuro.

Esto parece incomprensible, pero al ser movimiento ante todo y no sucesión de eventos en el tiempo lineal, se puede saltar a las diferentes líneas del tiempo a voluntad. Si por ejemplo, al morir se quisiera experimentar el tiempo de las Cruzadas con el objetivo de comprender mejor la idiosincrasia de la época y entender la evolución del pensamiento y la conciencia de la humanidad, se podría hacer. Sí hay intervalos entre las encarnaciones que sirven para recapitular dónde y cuándo se aprendió determinada virtud o aprender de los errores que se cometieron en las diferentes experiencias, pero el tablero de la existencia manifestada de Dios está allí moviéndose y expresándose en un Eterno Presente.

Así, podemos saltar a voluntad de una línea temporal a otra, siempre para recabar información y experiencias. El verdadero sentido de todo esto es moverse en la ilusión del tiempo y del espacio para saber lo que somos en realidad y desarrollar nuestro poder creativo

Así como voluntariamente podemos decidir cuándo y cómo venir al mundo físico, el proceso evolutivo es inevitable, la evolución no se puede frenar. La fuerza de atracción que emana de Dios es irresistible y nos recogerá a todos por igual, unos antes, otros más tarde, pero todos llegaremos. No puede haber nada que no esté contenido en Él.

*Al espacio entre una vida y otra se le llama «bardo».
El Yo Superior actúa a través de sus diferentes personalidades y después de cada experiencia en la Tierra
hay un proceso de recapitulación antes de empezar
una nueva vida. Esto quiere decir que, al ser todo
movimiento y no sucesión de eventos, entre cada
movimiento hay un intervalo, al que se le conoce
como bardo, que sirve para evaluar lo que se logró
en la vida que terminó y así decidir qué se necesita experimentar en la siguiente. Esto es muy difícil
de entender sin el concepto «tiempo» pero mientras
se está inmerso en él no se puede comprender la
eternidad. Si entienden que todo es en un continuo
presente, véanlo como movimiento en el AHORA y
poco a poco se irán acercando a la verdad del «no
tiempo».*

El ser humano necesita vivir muchas experiencias antes de entender su verdadera naturaleza, pero estas son
dirigidas y escogidas con anterioridad por el Yo Superior
de cada uno, que escoge la línea de tiempo, las circunstancias y los personajes que le convienen para su aprendizaje.
Se podría entonces entender esto como predestinación,
pero no es así. Si bien se escogen con antelación las circunstancias que normarán la vida, una vez en la experiencia se ejerce la libertad de decidir el camino que se ha de
seguir, lo que incluye los efectos que esas decisiones producen. Cuando vemos vidas verdaderamente difíciles y no

comprendemos cómo puede existir tanta desigualdad en los destinos humanos, tenemos que entender que el Ser Esencial de quien las vive así lo escogió con la intención de compensar otras desarmonías. Cuando una personalidad actúa en forma discordante, otra trata de compensar esa discrepancia para obtener así la armonía perdida. Hay ocasiones en que cuando una personalidad está inmersa en el materialismo, el Yo Superior decide proyectar otra que ocupe el mismo cuerpo para aprovechar el tiempo que le resta en esa vida, con el fin de adelantar en el proceso evolutivo. Es el caso de personas que en una misma vida cambian de un momento a otro, de vivir en un materialismo exagerado a una espiritualidad profunda. De la misma manera, hay ocasiones en que el Yo Superior decide acabar prematuramente con la vida de una de sus personalidades cuando aquella se ha deteriorado de tal manera que ya no es posible enmendarla. Es como deshacer un tejido que se ha venido haciendo mal desde el principio y se decide entonces volverlo a empezar.

Cuando todas las diferentes personalidades se unen en su Ser Esencial es cuando se acaba la experiencia del mundo físico. El abarcar muchas experiencias es lo que se entiende por almas viejas pues se obtienen así múltiples vivencias que enriquecen el alma y van dándole sabiduría.

Terapia de regresión a vidas pasadas

Muchas personas que creen que al morir van al cielo o al infierno y que no hay ya otra oportunidad, si analizan profunda y sinceramente esa teoría, descubren con el tiempo que está incompleta, que las enormes diferencias y aparentes injusticias que existen en la humanidad deben de obedecer a alguna razón que desconocemos. Es entonces cuando empiezan a preguntarse cuál es el objetivo de la vida en este plano cuando hay que vivir en condiciones tan desiguales. Al reflexionar sobre esto y si nos apartamos de los prejuicios de orden cultural o religioso, la reencarnación aparece como una opción que tiene sentido. Profundizando en la investigación de la terapia de regresión a vidas pasadas, nos encontramos con piezas de rompecabezas que caen en su sitio y que nos explican el porqué de las circunstancias de nuestra vida actual además de ayudarnos al autoconocimiento.

En mi experiencia con la terapia de regresión a vidas pasadas sobre la cual he escrito un libro con la experimentada terapeuta de esta disciplina, Ana Coudurier, me he podido dar cuenta de cómo las almas compensan sus errores de una vida a otra y se deshacen de los patrones emocionales que muchas veces vienen arrastrando por varias vidas. Esta es una terapia del alma porque la libera de la carga emocional provocada por un acontecimiento del pasado; al revivir la emoción y entender dónde y cómo se originó, esta se desvanece desapareciendo así su vigencia. Es muy interesante ver cómo las almas viven diferentes experiencias en las que cada una va dirigida al aprendizaje de alguna virtud o a compensar errores cometidos en otras ocasiones.

Cuando realmente se ejerce el libre albedrío es antes de encarnar porque es entonces cuando nuestro Ser Real decide las circunstancias, el lugar y las personas con la que compartirá su nueva vida. Lo hace en función de lo que necesita ejercitar y aprender; si desea practicar la paciencia, por ejemplo, quizá decida tener un compañero que tenga un carácter muy difícil y con quien seguramente hizo un pacto en el bardo antes de encarnar.

El verdadero significado de los pactos no es vivir dominado por la negatividad sino superar el rasgo negativo. En efecto, venimos a experimentar la oscuridad, pero a vivir estímulos que nos ayuden a salir de ella. Los acuerdos que se hacen en el bardo son con ese fin. Si, por ejemplo, dos almas experimentaron agresión durante varias vidas, se acuerda con la otra alma venir de nuevo juntas para superar la prueba de odio que se instaló entre las dos. No es que de antemano nos decidamos a experimentar determinada desarmonía, sino que, al internarnos en el mundo del olvido, las circunstancias que vivimos nos empujan a elegir actitudes inarmónicas correspondientes al estado de conciencia del momento en el que nos manifestamos en el mundo físico. Queda la incógnita de cómo es todo al mismo tiempo si los estados de conciencia de las diferentes personalidades son distintos. Al proyectarse el Yo Superior en distintas personalidades, cada una actúa de diferente manera según lo que la misma entidad desea experimentar, pero algunas personalidades se internan demasiado en la oscuridad, mientras otras tratan de compensarlas.

El Yo Superior de cada uno elige las circunstancias y las personalidades con los que va a interactuar en cada vida en la materia y es entonces cuando realmente ejercita su libre albedrío. Una vez en el mundo físico en el que se olvida de todo, solo le queda actuar, dentro de las condiciones en las que nace, en pro o en contra del amor que es lo que vino a aprender, o más bien a recordar.

El caso de un alma, con la que tuve contacto después de su muerte, nos muestra con claridad cómo se eligen de antemano las circunstancias que nos proponemos vivir. Ella estuvo casada con un hombre desequilibrado que después de haberle dado una vida muy difícil, acabó asesinándola. Le habló así a su familia:

No estén tristes, estoy ya en la Luz y viviendo muy feliz. Lo que viví fue una pesadilla, pero yo misma lo escogí para limpiar desarmonías pasadas. Al morir para esa dimensión no sufrí porque desde el primer golpe perdí el conocimiento y me encontré en este mundo maravilloso que no imaginan lo que es. No tengo deseos de venganza contra el que fue mi marido porque esa vida fue una prueba que me impuse y él solo fue el instrumento de mi suplicio, que me sirvió para compensar acciones negativas de otras experiencias.

En una ocasión, una mujer a la que llamaremos Verónica, asistió a una terapia de regresión con Ana. Le dijo que tenía un problema muy molesto que consistía en la frecuente necesidad de orinar. Había consultado con varios médicos que no habían encontrado causa fisiológica alguna. Esta terapia consta de cuatro días consecutivos en los que en las tres primeras sesiones se busca el patrón kármico incidente en el comportamiento de la vida actual del sujeto y así sanar las emociones que lo conforman. Al hacer consciente dicho patrón y liberar las emociones que lo mantienen en vigor, se logra la curación que se busca.

En las tres sesiones Verónica se vio como hombre que violaba una y otra vez. La violación se había convertido en el patrón de su alma. Por lo general, durante el proceso de esta terapia, el paciente accede en la primera y segunda sesión a vidas de víctima, y en la tercera, el terapeuta le da la consigna de ir a una vida de victimario para ver así las dos caras de la moneda del patrón kármico. En la cuarta sesión se solicita ver una vida de luz, ya que como hemos dicho, el alma experimenta los opuestos y mientras una personalidad se interna en la oscuridad, otra trata de compensar el extravío. Es interesante observar cómo el Ser Superior de Verónica decidió llevarla únicamente a vidas de victimario para que pudiera tolerar y entender por qué tuvo que vivir el abuso sexual de su padre en su infancia actual, visión que tuvo en la última sesión, de una escena que tenía completamente bloqueada. Vio a sus actuales padres teniendo una discusión muy fuerte mientras que ella, con solo cinco años de edad, se encontraba muerta de miedo escondida bajo una mesa. El padre la sacó de allí, se la llevó y abusó sexualmente de ella. Cabe mencionar que Verónica reprimió ese evento por lo que nunca tuvo recuerdo de él, quedando únicamente como síntoma de este la necesidad frecuente de orinar y el rechazo a que su padre tuviera algún contacto físico con ella.

Se le pidió entonces ir al bardo para conocer el acuerdo con el alma del que es su padre en esta vida. Se vio con él como dos seres de luz tomando la decisión de venir juntos a esta vida. Ella, quien decide venir como mujer, le pide que para acabar de una vez por todas con su patrón de violador abuse de ella para vivir en carne propia lo que había infligido a sus víctimas durante varias vidas, a lo cual él se resistía pero Verónica le suplicó que por amor lo hiciera.

Después de esta sanación tan espectacular, Verónica comenta muy conmovida que su padre padece alzhéimer, que curiosamente es una enfermedad que ataca la memoria, y que estando en un proceso de agonía, no lograba irse. Ella después de entender cuál era el verdadero vínculo con él, decide ir ese mismo día para darle las gracias, decirle que está totalmente perdonado, que no hay ya ningún pendiente entre los dos y que está liberado. Tras decir esto se da cuenta de que ya lo puede tocar, lo abraza y lo besa. Pocos días después el padre muere y Verónica le reporta a Ana que su síntoma de la necesidad de orinar constantemente ha desaparecido y se siente totalmente en paz.

Con frecuencia se pregunta uno cómo es posible que no nos acordemos de nuestras diferentes vidas. Sería una carga imposible de soportar si fuésemos conscientes de las maldades que hicimos y de todos los sufrimientos por los que hemos atravesado. Si en esta vida actual muchas veces bloqueamos traumas provocados por acontecimientos de la infancia, ¿cómo podríamos sobrellevar el cúmulo de experiencias por las que hemos pasado a lo largo de nuestras numerosas vidas?

No es necesario acordarse de las diferentes experiencias que se han vivido a través de los tiempos para que la enseñanza recabada durante los mismos se manifieste. Vienen al mundo material con el cúmulo de aprendizaje obtenido en las diversas vidas en la materia con sus consiguientes efectos que les hacen entender lo que les ha alejado de la Luz.

Cuando el ser humano muere va a la Luz y al plano que le corresponde según su frecuencia vibratoria. Allí entiende lo que ha hecho que no está de acuerdo con la armonía universal que es amor y sus remordimientos son tales que se compromete a cambiar diametralmente de actitud. Cuando regresa al mundo físico, muchas veces desea pasar por la experiencia dolorosa que él provocó a otros para compensar o equilibrar la desarmonía. Otras veces solo se compromete a reparar el daño con amor y servicio, lo que es todavía más efectivo, ya que lo que siempre se quebranta es el amor.

El poder del pensamiento

Nuestro pensamiento es creador porque somos parte del Creador de cuanto existe. Si somos chispas de su esencia y Él está en nosotros, tenemos la misma facultad de crear, solo que al estar envueltos en materia física y habernos olvidado de quiénes somos, esa facultad se ve muy disminuida. No obstante, existe esa posibilidad de crear con el pensamiento, como dijo Jesús «la fe mueve montañas», que quiere decir: voluntad de obtener algo con la fuerza del pensamiento y sin dudar del resultado. Esto no es fácil porque siempre existe la duda de nuestro poder creador, pero si nos empeñamos en trabajar nuestra fe, que no es otra cosa que abrir la conciencia a la unidad con el Todo, podremos incrementarlo.

Debido a que nuestra esencia es divina, tiene todos los atributos de su Creador en forma latente. Aunque nuestra mente es creadora, no somos conscientes de nuestro propio poder. Fuimos creados a su imagen y semejanza, sin embargo, estamos dormidos y lo hemos olvidado. Somos todos uno y lo mismo, no obstante, nos creemos separados, aislados, limitados. El pensamiento crea formas que tienden a hacer su efecto, no hay ningún pensamiento que no tenga consecuencia, de ahí la importancia de mantenernos conscientes de lo que pensamos. Nuestro pensamiento está unido al de toda la humanidad y si elegimos los pensamientos de amor en lugar de los que provienen del temor ayudaremos a limpiar la conciencia colectiva.

Nuestra mente es creadora y cuando visualiza algo como ya hecho, ve el resultado de su pensamiento creador que se materializa. ¿Por qué no siempre se materializan nuestros pensamientos? Por dos razones, una es porque la mente no tiene suficiente fuerza de concentración, lo que significa que las formas que emite son demasiado débiles para concretarse, y otra es porque el Yo Superior de la persona no cree conveniente que ese pensamiento se realice por ser contrario a su plan de encarnación, donde se propone el aprendizaje de alguna virtud que ese deseo cumplido obstaculizaría. Sin embargo, vemos a algunas personas que logran obtener todo lo que se propusieron en la vida, como poder y riqueza. Necesitamos experimentar todas las posibilidades que el

mundo físico ofrece y cuando esto sucede, es porque
el Yo Superior de la persona así lo decidió.

Tomemos como ejemplo a una persona que sufre de una enfermedad y que desea curarse, su mente podría lograrlo, pero si esto va en contra de lo que se propuso aprender a otro nivel con su enfermedad, su Yo Superior no lo permitirá.

Aquí insisto de nuevo a que ante cualquier circunstancia dolorosa no nos preguntemos «¿por qué?», sino más bien, «¿para qué?», lo que nos permitirá estar abiertos al aprendizaje.

Brujería

Muchas personas no creen que la brujería exista porque es parte de lo intangible y lo esotérico. Sin embargo, esto existe pues está basado en el poder del pensamiento.

Hay ciertas leyes y fuerzas en el universo que la mayoría de las personas desconocen, pero que los llamados brujos utilizan en pro o en contra de los seres humanos. Estos conocimientos del poder de la mente, los brujos los obtienen mediante métodos rígidos de disciplina y rituales heredados de culturas antiquísimas. Con el poder creador de la mente, los brujos son capaces de mover energías y obtener fuerzas muy poderosas que se pueden utilizar en forma positiva o negativa. La magia blanca o positiva es la que incluye las «limpias», la curación física o moral, siempre con el propósito de ayudar. La brujería negra o negativa es la que actúa en provecho propio y en contra de los demás, es la que utiliza métodos y herramientas diferentes para hacer los llamados «trabajos de brujería». Esta última tiene gran poder y puede causar mucho daño, no obstante, la luz es más poderosa que la sombra, y los brujos blancos pueden invalidar sus efectos.

Capítulo VI

EL CASTIGO DIVINO

Se nos ha dicho que existe un castigo divino para quienes se comportan mal y un premio para los virtuosos, asimismo un purgatorio para limpiarse de los errores que se han cometido antes de poder entrar al cielo. Si, como ya hemos dicho, hemos venido a esta dimensión a experimentar la oscuridad para después reencontrar la luz, toda nuestra trayectoria se hace con la anuencia de Dios. No podría ser de otro modo ya que no hay nada que se pueda oponer a su voluntad. Sin embargo, Dios, al que no podemos explicar y del cual solo sabemos que es inteligencia y poder absoluto nos ha dado el libre albedrío de actuar según nuestro deseo; somos nosotros quienes decidimos el rumbo pues se nos permite movernos en cualquier dirección, por lo tanto, no puede haber un castigo por ello, sino más bien una consecuencia de nuestras acciones, que nos hacen aprender si así lo queremos.

El castigo divino no existe, es una interpretación errónea de la ley de causa-efecto. Dios es amor y misericordia infinitos, no es posible que castigue pues sería una contradicción. Nosotros aceptamos pasar por la oscuridad y olvidarnos de quiénes somos para redescubrir con nuestro propio esfuerzo nuestro verdadero Ser y desarrollar nuestra creatividad. Entonces, cómo podría castigarnos nuestro Creador por algo que está dentro de su Plan.

Existe una ley concebida para restaurar la armonía que se pierde con las actuaciones en contra del amor de los seres humanos que están todavía inmersos en la oscuridad. No se trata de una sanción, sino del resultado de nuestras acciones, si estas son amorosas recogeremos amor, pero si son contrarias a él sus efectos negativos nos harán comprender nuestro error. A esto se le conoce como la ley del karma.

Lo único que existe es Dios que es luz y amor. La oscuridad, es decir el mal, es únicamente la obstrucción de estos, no tiene fuerza en sí, ni existencia real. Se trata exclusivamente de una experiencia pasajera que ha sido diseñada para entender y apreciar lo que es la Luz. El bien y el mal no existen como tales, son actitudes que nos alejan o nos acercan a la evolución.

A lo largo de los siglos, las enseñanzas de las religiones que hablan de un Dios que castiga a los que no siguen las normas establecidas por ellas, han hecho mucho daño. De la misma manera, la culpa que se promueve con estas enseñanzas es igualmente negativa. Se somete al creyente mediante la culpabilidad y el miedo, cuya peor consecuencia es temer a Dios en lugar de amarlo. Esto provoca que algunos actúen no por verdadero amor sino por miedo al castigo y, otros más, que se hundan en la maldad por la culpa que arrastran.

El infierno y el purgatorio se pueden definir, no como lugares, sino como estados de conciencia que son voluntarios.

El infierno es la negación de la propia luz debido a la soberbia de no aceptar la existencia de algo superior a su persona y a sus ideas. Cuando un Ser encuentra que después de la muerte física sigue vivo y no quiere creer que existe la vida en un plano superior, ni en la existencia de nuestro Creador, se cierra voluntariamente a la luz de Dios y por lo tanto a la propia, ya que formamos parte integrante de ella. Es entonces cuando una profunda infelicidad se apodera de su alma y busca ejercer la crueldad con quien puede. Son estas entidades a las que se las considera como demonios. Ellos, algún día, cuando dejen atrás la soberbia, llegarán a la Luz y se integrarán al Todo como el resto de la creación, puesto que no puede existir nada fuera de Dios.

El purgatorio se podría definir como el estado transitorio de las almas que, por diferentes razones como la culpa, el apego y la incredulidad de la vida

después de la muerte, entre otras, no logran ir al
Mundo Espiritual que les corresponde.

Dios no tiene preferencias en lo que respecta a nuestra manera de actuar, ni se enoja, ni se ofende por que actuemos en contra del amor. Como venimos a pasar por la oscuridad para reencontrar la Luz, todo lo que hacemos tiene un sentido y es parte de la experiencia que hemos decidido vivir; sus leyes de causa y efecto son de tal manera sabias que tarde o temprano todos volveremos a Él.

La amenaza del castigo provoca que, al morir, muchos no vayan a la Luz del Mundo Espiritual que es donde les corresponde estar. A lo largo de mis experiencias me he encontrado con varias almas que permanecen en el Bajo Astral sin saber adónde ir; mientras unos temen el infierno, como en el caso de un joven que muere en un accidente y que a continuación describo, otros, llenos de culpa, no creen merecer el cielo, como le sucedió a Rafael de quién hablaré más tarde.

Andrés es un joven que al regresar a casa después de una fiesta murió trágicamente en un accidente automovilístico.

Me morí volviendo de mi lodazal, sí, cuando fui de parranda. Me acerqué al colegio en donde me enseñaron que las relaciones sexuales son pecado mortal y regresé para confesarme porque salía de una parranda de mujeres y alcohol; pero ya no llegué, tuvimos un accidente y me doy cuenta de que ya me morí, pero estoy vivo. No sé qué hacer, me da mucho miedo alejarme de aquí, quiero confesarme antes para no ir al infierno, nadie me ve ni me oye, solo ustedes, llévenme con un padre para que me confiese y pueda estar en paz.

Le hice comprender a Andrés que Dios es amor, que Dios no castiga, que al morir en supuesto pecado mortal no se va al infierno. Romper con ciertas ideas impuestas resulta difícil para algunas personas que mueren y que no pueden avanzar por miedo al castigo. Por fortuna Andrés comprendió que Dios, lleno de amor, todo lo perdona, que a él como a todos le espera el cielo con tan solo desearlo.

No puedo ver ahora otra cosa más que la verdadera felicidad que está aquí, no sé por qué nos dicen que Dios castiga, tienes razón, Dios es puro amor, ahora lo entiendo, qué alivio es no sentir más miedo y dolor, gracias, me voy.

Para Rafael fue distinto, aunque el sufrimiento es el mismo; no creía merecer el cielo es igual de doloroso, la culpa se adueña de quienes la padecen impidiéndoles ascender a los siguientes planos. Él se nos presentó a Isabel y a mí y nos habló en los siguientes términos:

Me llamo malo, sí soy malo y no merezco estar aquí. Me encuentro todavía en un país oscuro en el que solo veo

lo que hice mal. Siempre fui muy ambicioso, me apro-
veché de quien pude, hasta de mi mujer. Me morí lleno
de angustia porque me di cuenta de mi corrupción y de
mi falta de verdadero amor hacia quienes me rodearon,
fui muy egoísta y no vi más que mi propio beneficio y
voluntad. Desde que llegué aquí solo estoy con mis re-
mordimientos y no sé ya qué hacer. Me trajeron voces
hacia este par de personitas que me pueden ver y oír y
espero que me puedan aclarar mi situación.

Dios no castiga, te espera con infinito amor a que
vayas a la Luz del Mundo Espiritual, le contestamos, a lo
que él respondió:

Me hablas de cosas que desconozco. Cómo que Dios no
castiga. ¿Entonces se puede hacer cualquier cosa e ir
al cielo? Eso no lo creo, eres o mal intencionada o ig-
norante, la Iglesia dice que hay un castigo para quien
se porta mal.

Lo convencimos al fin de que pidiera ver la luz de
Dios que todo lo perdona.

La noción de un Dios que premia a los que actúan
bien, castiga a los «pecadores» y al que hay que adorar y
reverenciar para tenerlo contento, es una figura muy pobre pues ha sido hecha a imagen y semejanza del hombre
de conciencia primitiva. Efectivamente no podemos describir la naturaleza de Dios que no está todavía a nuestro

alcance, pero sabemos que no puede ser ni cruel ni vengativo y mucho menos celoso.

Hay casos en los que al morir un individuo y no encontrar lo que esperaba según sus creencias, se encuentra profundamente desorientado; lo único que acierta a hacer entonces es quedarse apegado a lo que dejó. Como la idea del castigo está fuertemente inscrita en su mente, esto ayuda a que no se mueva de donde se encuentra. A continuación, uno de estos casos en que una viuda vino a verme porque sentía la presencia de su esposo fallecido algunos años antes. Ella había rehecho su vida, se había vuelto a casar y tenía una nueva familia. Él le habló así:

Mi adorada Karla: ¡Cómo te he seguido en tu viudez y cómo he sufrido por estar lejos de ti y de nuestra hija! No entiendo que si hay un Dios nos imponga este dolor. Desde que perdí mi cuerpo no comprendo lo que pasa, no encuentro a nadie, no es cierto que haya un Dios que te juzga y que te castiga o premia; solo veo lo que dejé, el dolor que provoqué con mi muerte física y este horrible lugar de soledad y frío. Cuando me despedí de ti fue porque me dijeron, no sé quiénes, que debía ir a un lugar extraordinario, pero finalmente no lo creí, porque veo que lo que me dijeron en vida son mentiras. Solo quiero volver a estar contigo y con mi hija y me da mucha tristeza ver que ya estás con otro y que tienes otras hijas. Supongo que es normal, pero no lo acepto, no acepto esta suerte, de morir y llegar a este hoyo negro sin ti y sin mi hija. ¿Qué sentido tiene entonces la vida?

«Dios no castiga, no juzga, es amor infinito. Lo que te tiene atado allí son tus pensamientos, pero ahora te corresponde ir a una vida maravillosa, en donde solo hay amor y armonía —le dije—. Lo único que tienes que hacer es pedir ver la Luz y ella te conducirá adonde debes estar».

Es increíble que hables así, fuiste educada como todos nosotros y ahora aceptas que son mentiras lo que nos dijeron. Entonces, según tú, el cielo se encuentra al alcance de todos. Eso no sería justo y no lo creo. Aclárame de dónde salen todas esas teorías de las que hablas.

«Como a ti, he ayudado a muchos otros que se encontraban desorientados y por eso sé cómo es ese proceso —le repliqué—. Donde estás no es el lugar que te corresponde, no tienes cuerpo físico y nadie te ve ni te oye, por lo tanto, debe existir un lugar que sea acorde a tu estado actual y ese es del que te estoy hablando. Con el solo deseo de ir a Dios llegarás».

El señor Jesús no castiga, es cierto que es amor infinito y deseo ver su luz, tienes razón, voy a pedir ver la luz de Dios, no puede haber más castigo que el que he tenido. Ya se abrió una rendija de donde emana una luz prodigiosa. Me atrae irresistiblemente, se siente un amor que te envuelve y te da una felicidad infinita. Mil gracias por ayudarme a verla, a creer en la misericordia divina. ¿Por qué nos dicen tantas mentiras? ¿Por qué no dicen la verdad? Nos ahorrarían mucho sufrimiento. Vienen a mi encuentro mis seres queridos y me dan la mano para llevarme no sé adónde pero no puede ser más que al cielo, porque esta luz es eso, la perfecta armonía y felicidad.

El pecado

Durante mucho tiempo se ha educado a todos los seres humanos de las diferentes culturas a proceder de acuerdo a alineamientos y conductas impuestas. Se vive en un medio social en el que para pertenecer uno se debe comportar de acuerdo a las reglas civiles y morales o de lo contrario no será una persona respetable. Los códigos de comportamiento surgen a partir del control, todos tienen que seguir las reglas si quieren pertenecer. Los diversos estatutos incluyen, en muchas civilizaciones formas de vestir, alimentos vetados, actividades acordes a mujeres o a hombres, maneras de pensar, formas de vivir, costumbres, culto a Dios o a los dioses, y una infinidad de prohibiciones que en todos los casos no está permitido cuestionarse y que supuestamente son PECADO.

Las reglas de las religiones del mundo entero han sido creadas por el ser humano, y sería absurdo y soberbio pensar que no nos equivocamos, que tenemos la verdad

155

absoluta sobre la vida, sobre la naturaleza de Dios y sobre todo lo que existe. La limitación humana es proclive a la equivocación, por lo tanto, las religiones no están exentas de ello.

Sin embargo, se necesita entender que a cada estado de conciencia corresponde una determinada enseñanza y que las religiones están hechas para llevar por el senderero del amor a quienes comienzan el camino de la evolución. Cuando la conciencia empieza a despertar ya no necesita de reglas ni dogmas que se le imponen para controlar, es la propia conciencia la que discierne dónde está el amor que es el único que lleva a la liberación de esta dimensión. Jesús vino a enseñarnos eso, pero los humanos han complicado su mensaje, muchas veces distorsionándolo. Ahora ya llegó el momento de aclarar su verdadero mensaje que se basa en la práctica del amor y del no juicio. A pesar de los errores que puedan tener las religiones todas tienen una intención positiva.

«Pecado» quiere decir error de dirección, es decir lo que se puede considerar como pecado es todo lo que se aleja del camino de la evolución o, mejor dicho, todo lo que va en contra del amor. La clave está en saber que, si el pecado fue diseñado por unas personas para controlar los impulsos y actividades que por sí solos nos harían daño, está en nosotros tomar conciencia y actuar en base al amor. De este modo no estaríamos actuando para no cometer «pecado», sino de acuerdo a un estado de conciencia elevado al que no le es posible actuar de otra manera.

Ejercer el amor significa, proceder sin miedo, sin prejuicios, sin mentiras, sin hipocresías, sin apegos, sin hacer daño a nadie, ni a nosotros mismos.

Entiendan que al venir a esta dimensión han aceptado pasar por la ignorancia de lo que son y de ello surgen todos los errores humanos. Si se cometen es por el miedo que les provoca la creencia de estar separados del universo. Así, las experiencias que han elegido vivir siempre tienen un sentido, las cuales a la larga les sacarán de esta dimensión.

El karma

La ley del karma es infalible, a toda acción corresponde una reacción, a toda causa un efecto que tiende a restablecer el orden y el equilibrio. Cualquier hecho o suceso es el resultado de otro anterior y a su vez será la causa del que le sucederá, formando así la cadena de acontecimientos en el devenir de las criaturas hacia su Creador.

El karma se ha entendido erróneamente como punición, pero en realidad se trata de una ley de compensación. Si un ser humano rompe la armonía del cosmos —que es amor, unión— con su actuación egoísta, tendrá una reacción negativa que lo llevará a comprender su error. Para restablecer el equilibrio perdido deseará experimentar, ya sea lo mismo que él provocó a otros o compensarlo con amor, puesto que es esto último lo que se transgredió. Tanto las acciones positivas o amorosas como las negativas, crean una energía que provoca que los efectos correspondientes se experimenten en la misma vida o en otra. Hay que enfatizar que todas las experiencias por las que se pasan son voluntarias. Nadie nos impone nada, somos los seres humanos, quienes en el ejercicio de nuestro libre poder de elección, decidimos expresarnos de determinada manera y con diferentes objetivos de aprendizaje o de experiencia.

Todos venimos voluntariamente a experimentar la oscuridad, el mundo dual, y la separación, y a partir de nuestro actuar negativo empiezan las compensaciones.

Si al entrar en el mundo físico olvidamos nuestro verdadero Ser, nuestra esencia, nuestro Ser Superior no nos abandona. El Ser real de cada personalidad que vive en el mundo físico maneja sus personalidades que están experimentando la oscuridad para que otras compensen el extravío de aquellas. Vamos a poner el ejemplo de Hitler. Se necesitó de ese personaje como agente kármico de todos los que necesitaban pasar por la experiencia del Holocausto para ellos compensar sus muy particulares karmas. Sin embargo, la personalidad que se prestó a tanta crueldad es a su vez merecedora de una experiencia sumamente dolorosa que lo llevará a equilibrar esa terrible desarmonía que causó. Su crueldad fue provocada por su deseo infinito de poder, pero al sentirse cada vez más separado de la humanidad por el inmenso poder que ejercía, su desolación interior era cada vez más profunda. Eso lo llevó a buscar un pretexto del cual asirse para ser cruel y eso fue la búsqueda de la limpieza de raza. ¿Por qué la judía le engendró tal odio? Porque ellos tenían el poder económico que le representaba un obstáculo para el poder absoluto que anhelaba. Lo obtuvo, pero no encontró en ello la satisfacción que esperaba, como les pasa a todos, como a Nerón, por ejemplo. Puesto que todo sucede en el Eterno Presente, Hitler y Nerón están viviendo experiencias sumamente difíciles que ellos mismos escogieron para equilibrar sus karmas.

Vamos a dar algunos ejemplos de vidas difíciles que han sido diseñadas para equilibrar experiencias sumamente negativas: el niño que nace sordomudo y sin brazos; no puede comunicarse ni valerse por sí mismo y es abandonado por sus progenitores, casos así existen. También quien se encuentra en un entorno hostil que solo sirve para ser violado y vituperado y se contagia de enfermedades como la lepra y similares sin nadie que lo ayude. Hay vidas terribles que nos hacen preguntarnos cuál es la razón.

No es crueldad de Dios o del destino, sino simple compensación de actos «anteriores».

El karma se genera por medio de pensamientos, emociones, intenciones, deseos, acciones y omisiones. Los pensamientos positivos o negativos son energía creadora que se manifiesta creando nuestra realidad. De la misma manera, los deseos y las intenciones producen una energía que tiende a materializarse. Las emociones como el miedo, la culpa, el odio, el deseo de venganza, entre otras, son cargas energéticas que se imprimen en el cuerpo emocional y que pueden pasar de una vida a otra. Estas se borrarán en otras experiencias que contrarresten las acciones que provocaron dichas emociones. No importa cuándo, si en la misma vida o en otra, pero indefectiblemente sucederá.

El tiempo AHORA significa que lo que acontece diariamente no es sucesión de eventos, sino que se puede decir que es simultáneo. ¿Cómo es esto posible si existe la ley de causa-efecto? Cuando toman una decisión en su vida se da como resultado lo que llamamos el futuro probable, por lo que están decidiendo y cambiando el futuro constantemente. De la misma manera pueden cambiar los efectos del pasado con la simple comprensión de lo erróneo de la causa del efecto actual o karma.

El universo es flexible, el poder creativo del ser humano puede cambiar la realidad del «pasado». Es decir que cuando existe un evento que produce un determinado karma, ese evento «es» en el Eterno Presente y se puede acceder a él cambiando su dirección, lo cual cambia el karma o efecto. Nuevamente el amor que no se entendió entonces se entiende ahora y cambia el efecto presente.

Probablemente la persona que logra cambiar su karma transmutándolo en amor, ya no tendrá que vivir algunas de las experiencias que había programado como parte de la lección de su vida actual. Por otro lado, si no se aprende la lección programada, tal vez vendrá otro estímulo más fuerte.

Tuve la experiencia con una joven mujer en una regresión en la que pudimos comprobar cómo se puede cambiar el karma o efecto «actual» solo comprendiendo el error del «pasado» y cambiando su dirección.

Conocí a Laura después de un programa de televisión donde fui invitada. Fue ella quién me buscó para conocernos y entonces me relató su historia. Laura es una mujer de mediana edad con una vida de lucha por la superación personal y logros profesionales que no la llevaron a la plena satisfacción.

Nacida en la Ciudad de México y proveniente de una familia muy sencilla, tuvo que buscar su propio camino para conseguir estudiar en el extranjero. Sin apoyo económico logró, a base de su propio esfuerzo, las becas que le dieron la oportunidad de una carrera, dos maestrías y la capacidad suficiente para obtener el trabajo que ella hubiera querido. Laura estaba lista para conseguir lo que siempre había deseado, pero no fue así, parecía que las puertas que en un principio se le habían abierto ahora se le cerraban. No conseguía el trabajo de acuerdo a su capacidad y preparación y tuvo que conformarse con un modesto puesto como docente, sus padres con escasos ingresos solicitaban su ayuda al igual que sus hermanos. Se sentía abrumada, incapaz de hacer nada y las cosas se le iban complicando poco a poco. Después de comprar un pequeño departamento su familia la invadió sin dejarle espacio alguno y tuvo que mudarse a un pequeño cuarto en la azotea de un viejo edificio deshabitado. Estaba desesperada cuando al conocerme solicitó mi ayuda, quería saber qué le impedía ser feliz y llevar a cabo sus planes.

Le propuse que hiciera una terapia de regresión pensando que podría ayudarle a conocer su karma. Durante la terapia pudo ver cómo en una vida siendo una niña de la calle junto a sus hermanos, que son los actuales, los abandonó para dedicarse al tráfico de drogas. En otra vida fue un brujo negro que robaba niños pequeños para sacrificarlos en sus ceremonias. Recibimos el siguiente mensaje de los maestros sobre el caso:

Se trata de una personalidad que entró en la profunda oscuridad y cuya alma quedó congelada por algún tiempo, hasta que decidió resarcirse y vivir vidas de víctima para compensar su «maldad». Ahora ya acabó con ese karma, solo tendrá que transformar su queja en amor incondicional; eso acabará de curar su alma y eliminará lo que le queda de karma.

Al conocer esto y después de finalizar la sesión, le pedí cancelar su karma cambiando el rumbo de la intención y transmutándola en amor. Es decir, que en lugar de sentirse víctima por el apoyo que da a su familia, darlo con mucho amor. Fue increíble ver los resultados. A los pocos días de haber tenido esta vivencia Laura fue solicitada para un magnífico trabajo, en contraste con lo que le sucedía anteriormente. Lo importante de esta experiencia es poder entender que sí es posible modificar la dirección del karma, proponiéndonos cambiar por amor la intención del pensamiento negativo que lo provocó. Puesto que lo que se infringió fue la ley universal del Amor, es con amor con lo que se vuelve al equilibrio.

No obstante, hay karmas que no se pueden cambiar, como el sujeto que viene con una enfermedad congénita o que en un momento dado de su vida pierde alguna facultad como la vista o el movimiento, o que como consecuencia de un accidente quede incapacitado. Estas condiciones se escogen de antemano para superarlas y así compensar alguna desarmonía anterior.

Vivimos vidas compensatorias, rompiendo así con patrones que se arrastran de una vida a otra. Cuando vivimos experiencias de oscuridad profunda, volvemos a la Luz mediante diversas vidas que las compensan hasta acabar con el atractivo por el mundo de la materia.

Hay karmas muy difíciles de pasar como es el caso de las posesiones llamadas demoníacas. Cuando se pasa por una posesión puede ser que sea para compensar una vida en la que se utilizó la magia negra para hacer daño para obtener poder. Esto se escoge voluntariamente con la intención de experimentar en carne propia lo que se hizo pasar a otros. No es castigo, pues este no existe, sino búsqueda del equilibrio que se perdió al manejar fuerzas negras. Vivir una posesión es la experiencia más fuerte en ese orden, porque la entidad se posesiona del cuerpo de la víctima, su verdadero Ser entra y sale de este, la persona se encuentra fuera de control y se siente perdida.

Las entidades que actúan en estas ocasiones son almas en un estado de conciencia sumamente bajo que se encuentran en el inframundo del Bajo Astral. Al negar la Luz divina y la suya propia, estos seres se encuentran en la profunda oscuridad y son sumamente infelices, por lo que tratan que otros vayan a donde ellos están para hacerlos sufrir lo más posible. No es común que se dé una posesión, se necesitan un conjunto de circunstancias para ello: por ejemplo, que el aura esté abierta, lo cual puede acontecer, ya sea por mediumnidad o mediante prácticas como la *ouija* o el tarot con la intención de saber el futuro;

también en los conciertos de *rock* duro en los que el público se enajena, no solo con la música, también con el alcohol y las drogas, donde se abren portales dimensionales que las entidades negras aprovechan. También puede darse por un karma que se originó en prácticas de brujería negra o cuando la víctima decide romper un karma pasando por esa experiencia.

Durante mi vida como médium, me he encontrado únicamente con dos casos que se pueden considerar como posesión. No es lo mismo cuando las entidades están pegadas al aura de la víctima que cuando se apoderan del cuerpo de la misma. En esa circunstancia es mucho más difícil expulsarlas y se necesita de alguien experimentado y con el poder suficiente para hacerlo, es decir, un exorcista.

La primera ocasión que vi algo así, fue muy al principio del despertar de mi facultad psíquica y no supe cómo manejar la situación. Una pobre mujer que no pudo deshacerse de las entidades que la tenían prisionera y que, al haberle absorbido su luz, la debilitaron a tal grado que provocaron su muerte. La segunda vez fue una jovencita que se vio poseída por entidades muy bajas, pero afortunadamente se liberó con la ayuda de una exorcista que con experiencia y fuerza pudo sanarla.

En el largo camino de la evolución, los que hemos decidido incursionar en la sombra, tenemos que vivir múltiples vivencias que nos hagan comprender por dónde se encuentra la salida. En cada experiencia aprendemos diferentes virtudes y al acabar cada una de ellas, podemos juzgar los aciertos y errores que se tuvieron, lo cual nos prepara para otra experiencia. Las diferentes personalidades en las que se desdobla el Yo Superior, se compensan unas a otras hasta obtener el equilibrio que se perdió al entrar en la oscuridad. Cuando el promedio entre las diferentes experiencias que se viven «simultáneamente» encuentran el equilibrio, es cuando el Yo Total eleva su vibración y sale de la tercera dimensión, continuando así su ascensión hacia planos superiores que lo llevarán a la fusión con Dios.

Finalmente podemos decir que todo lo que nos acontece en nuestras vidas es positivo, pues ha sido diseñado para salir de la dualidad y regresar a nuestro verdadero Ser. Lo que a veces juzgamos como algo negativo que llega a nuestra vida, en realidad no lo es. Cuántas veces nos encontramos con que la persona que tiene una gran pena, como la muerte de un hijo, una enfermedad difícil, un fracaso profesional, ese mismo suceso le trae una enseñanza profunda en la que abandona las metas y deseos superficiales y encuentra el verdadero sentido de la vida que es el amor y la humildad. La aceptación de lo que nos acontece día a día, sabiendo que todo contiene una enseñanza, ya sea de desapego, de paciencia, de generosidad, de amor en todas sus facetas, nos proporciona la verdadera paz interior.

Capítulo VII

EL AMOR

El amor es la energía que une al Todo, al Creador con sus criaturas y a estas entre sí; se puede decir que es la fuerza que cohesiona al átomo, que sin ella nada existiría. Esta energía unificadora es la que venimos a olvidar para después descubrirla y gozar de su maravillosa plenitud. Cuando vivimos en amor se accede a la verdadera felicidad, porque forma parte de nuestra esencia, así como de nuestra manifestación física; en el momento que se quebranta el amor se actúa en contra de lo que somos, de allí la infelicidad que provoca.

Nuestro comportamiento erróneo en contra del amor nos causa desequilibrios graves, puesto que estamos forzando esa energía hacia el sentido opuesto del que actúa. Nuestro cuerpo físico, así como los cuerpos sutiles, se ven afectados por la fuerza disociadora que ejercemos al actuar en sentido de separación. Se entiende entonces por amor la fuerza que une a toda la creación entre sí, y toda ella con la Fuente que le dio la existencia a la que se le denomina Dios.

Ese amor o energía de unión se encuentra con varios impedimentos para fluir sin obstáculos, y estos son nuestros miedos. Miedo a estar solo, a perder lo que aparentemente nos da seguridad, como son todos los apegos materiales y sentimentales, miedo a perder el control sobre nuestra vida y la de los demás. Mediante la convicción de que somos todos Uno y de que no hay separación es cuando la energía fluye sin interrupciones, que se deben a bloqueos energéticos provocados por las actitudes del ego.

Todas las acciones humanas se originan en el amor o en el temor, no tienen otro principio. Si deseamos tener lo que los otros tienen es porque en el origen de ese deseo está el miedo que creemos anular con esa posesión. Esto llega incluso a provocar guerras, con la matanza y el odio que ello implica. Si nuestra meta es lograr la superioridad sobre el adversario, en cualquier ramo que sea, es porque al obtener esa superioridad nos sentimos más seguros; estamos cubriendo el miedo. Cuando deseamos controlar a quienes nos rodean y creemos controlar nuestra vida, estamos luchando contra el temor de sentirnos solos, desamparados, aislados.

Si, por el contrario, damos y compartimos lo que nos pertenece, si ayudamos al que lo necesita, si nos sentimos en unión con el cosmos y con nuestros hermanos y por lo tanto no somos capaces de causarles ningún daño, estas actitudes están provocadas por el amor.

El temor acapara, retiene, divide, controla, duda, escatima, fustiga, atormenta, es cruel; mientras que el amor da, comparte, libera, es generoso, cree sin límite, confía, respeta, vota por la felicidad de los demás, nunca juzga.

Al entrar en el mundo físico, nos olvidamos de que somos todos uno y lo mismo, parte integrante de Dios, y nos sentimos solos y abandonados, lo que nos provoca el miedo que es la base de todas las actitudes oscuras de la humanidad. Cuando se lucha por obtener ventajas personales es para contrarrestar el miedo a la soledad que experimenta el ser humano. Si su deseo más intenso es el control es porque de esa manera cree estar más seguro y no estar expuesto a la agresión de los demás, la cual a su vez es provocada por el temor.

Vivimos buscando la aprobación del mundo, necesitamos ser aceptados, pertenecer a algo, no soportamos el rechazo porque este refuerza el sentimiento de abandono que todos padecemos profundamente. Cuanto más nos abramos a la conciencia de unidad, menos experimentaremos la soledad y el miedo.

El primer paso es el amor a uno mismo, ya que nadie puede dar lo que no tiene y si llenamos de amor a nuestra manifestación física aceptando nuestras limitaciones y errores, entonces podremos darlo a los demás. El amor incondicional, acepta todo de los demás dándoles comprensión y compasión que se complementan. Esta última es ponerse en el lugar del otro, ya que solo a través de los ojos del otro podemos comprender lo que le está pasando. Aceptar no quiere decir estar de acuerdo con todas las actitudes oscuras de nuestros hermanos, sino comprender que ellas nacen de los diferentes estados de conciencia y lo que nos queda entonces es ayudarlos a cambiar su actitud, no con reproches sino con comprensión. El verdadero amor no exige nada, da libertad absoluta al otro, si Dios nos dio el libre albedrío nadie puede forzarnos a no hacer lo que hemos decidido. Al ser libres por naturaleza, el control y la limitación nos producen infelicidad.

Aceptar a quién amamos es aceptarlo como es, sin tratar de cambiar nada de su personalidad, solo ver en él su parte divina que es perfecta. Cuando conscientemente nos dirigimos a esa parte, se produce una elevación de vibración en la persona que hace que algo de su conducta oscura se aclare.

El amor incondicional erradica el temor, puesto que es su contrario. En el momento en que se llega a la conciencia de unidad no hay ya por qué temer, se es uno con todo lo que Es.

Sin embargo, si venimos a olvidar la unión con el Todo es para experimentar lo opuesto de lo que somos y redescubrir con nuestro propio esfuerzo la grandeza de nuestro verdadero Ser. Esta es la razón por la que todas las religiones predican que el único camino para regresar al Padre es mediante el amor.

Somos parte integrante de Dios quien nos dio la individualidad para compartir con nosotros su poderío y magnificencia. Esta individualidad es transitoria y sirve para expresarse, cada uno, de diferente manera, lo que produce la infinita variedad en la creación. Decimos transitoria porque acabaremos todos en el océano de la Conciencia Universal, donde volveremos a ser el UNO. Mientras cada quien se expresa según su propia voluntad, la unidad solo está detrás de todas esas conductas, pero en cuanto nos vamos elevando hacia nuestro Origen, se va unificando la conciencia y vamos pensando y entendiendo todos al unísono las leyes cósmicas y la naturaleza de nuestro verdadero Ser y de Dios.

El verdadero amor es estar en unión con todo lo que existe ya que todo proviene del mismo origen. Unión significa anular la idea de separación «tú y yo» para integrarse al concepto de nosotros disueltos en el fuego del amor de Dios.

Hemos de desarrollar cada uno de los seres conscientes individualizados un determinado trabajo en la aventura de la creación, pero somos uno y lo mismo de la misma manera que en un cuerpo humano cada célula tiene su propósito específico para el buen funcionamiento del mismo.

El amor del que hablamos es ver en el otro la esencia divina que lo habita y en lugar de rechazar su manifestación física y obedecer al impulso de desdeñarlo de alguna manera, tratar de dirigirse a su Yo interior, enviándole luz para ayudarlo a manifestarse. Ser amorosos con aquellos que nos engañan, nos insultan, nos hacen cualquier clase de daño, pues esos obstáculos, si los aprovechamos debidamente, nos servirán para nuestro avance espiritual.

El amor del que hablamos es paciente, no juzga, acepta al otro tal cual es pues su manifestación en este plano no está todavía libre de oscuridad, como tampoco la propia. El amor todo lo cura, todo lo limpia y cuanto más se practica, más se manifiesta la esencia divina que está en el interior de cada uno.

El amor es la expresión de nuestra esencia, es una energía que une al ser amado con el que ama. Si nos centramos en el amor de Dios nos estamos uniendo al Todo porque en Él se concentran todas las cosas, Él está en todo lo que existe. Somos la expresión de su generosidad porque por eso fuimos creados; en un acto de amor dio existencia a los que somos sus hijos y aunque aparentemente lo hemos olvidado, estamos siempre en Él.

Cuando se actúa con amor se encuentra la verdadera felicidad porque nuestra esencia es eso mismo. A continuación, un bello mensaje sobre el tema:

El ser humano fue creado en el amor divino y con el objetivo de que goce de la magnificencia de nuestro Creador. Así fueron creados, para ser felices, siempre y cuando esta felicidad se obtenga a través del amor. Cuando los seres humanos quisieron probar del «árbol del conocimiento del bien y del mal», se apartaron de su verdadero Ser y crearon lo que se entiende por maldad que es la ausencia del amor, la desunión del individuo con el Todo. Entonces apareció el sufrimiento porque solo se puede ser feliz en el amor.

Al entrar en el mundo del olvido creen que están separados de todo lo que los rodea y la soledad en la que viven les produce temor. Buscan el amor materno y después el de la pareja para tapar ese miedo, encontrando una falsa seguridad. No es el amor exclusivo lo que les dará la seguridad deseada sino el amor universal que nos une a todo lo que existe. Después de recorrer mucho camino, es cuando se dan cuenta de esto y llegan a la iluminación. La iluminación no es otra cosa que el encuentro con la verdad de que todos somos uno y en esa unión de conciencia se encuentra la plenitud.

El dolor que se experimenta en la aventura del mundo físico es con el objetivo de desapegarse del atractivo del plano terrenal que atrapa al ser humano con sus falsos placeres. Esto no quiere decir que no se deba gozar con los placeres mundanos que están diseñados para ayudar a los seres humanos a sobrellevar las dificultades inherentes a la vida en la materia, pero estos placeres siempre tienen que efectuarse desde el amor, amor a uno mismo y a los demás. Nunca se debe tomar la satisfacción de un deseo en detrimento de nuestros hermanos.

Al decirles sean felices, se les dice para darles a entender que gocen la vida en el aquí y ahora, que traten de encontrar la magia de cada instante de la vida, porque si sabemos encontrarla, la hay. Aun en el dolor físico o moral hay una parte positiva que es, como se ha dicho, el elevar nuestra frecuencia vibratoria, pues el dolor eso promueve si es aceptado. En la aceptación de las circunstancias que nos toca vivir está la paz.

Todos están viviendo lo que necesitan para elevarse al siguiente plano de conciencia y dejar atrás toda esta manera de vivir en falta de amor y armonía, con ira, envidia, apego, ambición y toda la gama de manifestaciones contrarias al amor.

Para ejemplificar este concepto sobre el dolor físico o moral nos llegó la siguiente comunicación a propósito de una tragedia dónde unos padres pierden a sus tres hijas en un accidente automovilístico.

La muerte de estas criaturas se debe a la necesidad que tienen los padres de enfocarse hacia la espiritualidad. Nunca sucede algo como un accidente sin razón, siempre hay un porqué que da lugar a las tragedias y más bien un para qué.

En este caso se les está dando la oportunidad de buscar el sentido de la vida que no es solo la materia. Al tener este profundísimo dolor tendrán que buscar la razón de esta tragedia y encontrar su significado. Las niñas fueron atendidas inmediatamente y ya están en la Luz. Su misión fue despertar a sus padres, y se espera que lo logren.

El perdón

Se cree que el perdón es un acto de misericordia hacia quien nos ha hecho un daño, que perdonar es olvidar las afrentas sufridas por quien pensamos que es culpable. En realidad el perdón es un acto de aceptación de la negatividad propia y ajena. Es compasión y comprensión hacia los errores que provienen del estado de conciencia de quien los comete. En ningún caso es un acto de misericordia ni de favor hacia quien hizo un daño, sino que es comprender que lo que hizo es el resultado de su aún primitivo estado de conciencia que todavía no ha entendido la ley universal del Amor, siendo el temor su sentimiento original.

Algunas veces las personas creen haber perdonado a quien les hizo una afrenta, pero en el momento en que la encuentran resurgen el enojo y el resentimiento. Cuando hay verdadero perdón el rencor no aparece ante la presencia del otro, porque ya se entendió que su actuar equivocado proviene de su falta de conciencia e ignorancia. Al mismo tiempo, el mal que provocó sirve, si lo sabemos ver, para aprender alguna virtud que necesitamos como la humildad, el desapego, la aceptación del otro, el no juicio, el verdadero perdón. Este no significa que tengamos que seguir en la vida involucrados con la otra persona que únicamente nos crea inconveniencias, podemos alejarnos de ella enviándole amor mentalmente. Esto último es mágico, porque sin que se dé cuenta la persona conscientemente, le llega y, en muchas ocasiones, se arregla el conflicto.

El verdadero perdón es eso, tomar conciencia de que quien actúa mal es porque todavía no ha encontrado el camino, entonces hay que volcarse en compasión hacia él enviándole luz para que salga de su error. Nuestra experiencia en la vida muchas veces necesita de ese mal que se nos causa para crecer y despertar.

Lo más difícil e importante es perdonarnos a nosotros mismos por nuestras fallas; aceptarnos con nuestras cualidades y defectos sin reprocharnos el no ser perfectos. La búsqueda inmoderada de la perfección proviene del ego que desea sobresalir. Procurar con nuestras posibilidades ser lo mejor posible, es una cosa, pero el no aceptar nuestras limitaciones y errores es soberbia.

Cuando comprendamos que todos los seres humanos hemos decidido libremente pasar por la oscuridad y que todos la hemos experimentado, nos será más fácil perdonar las conductas oscuras de nuestros hermanos y las propias también. ¿Cómo podemos censurar la oscuridad cuando ella forma parte del Plan Divino?

Cuando una tragedia golpea a una familia y esta se ve envuelta en el dolor, le es muy difícil encontrar el sentido de lo sucedido. Sin embargo, una vez pasada la etapa normal del duelo, se puede, ya sea sumergirse en el sufrimiento o buscar salir de él. Este último es el caso de una mujer y sus hijas a quienes el asesinato de su único hijo hombre y hermano las dejó devastadas.

Me enteré del secuestro de Fernando y a través de una meditación y sin conocerlo pude verlo en un bosque caminando completamente desorientado. Durante mi visión, a pesar de verlo claramente como él era, supe con certeza que estaba muerto; a través de la intuición los médiums podemos descifrar un acontecimiento real. Su madre y hermanas me buscaron unos días después para encontrar consuelo y su furia contra los secuestradores era tal que les era imposible escuchar otra cosa que no fuera «venganza». Tuvo que pasar mucho tiempo y después de varios ejercicios de perdón y compasión que yo misma dirigí, por fin pudieron perdonar. Años más tarde Fernando, desde la Luz, vino a hablarles a través de mí, con el propósito de alentarlas hacia el buen camino que habían tomado después de su muerte. Estaba orgulloso de ellas y con sus palabras acabó de dar sentido al dolor causado por su partida. De no haber muerto de esa manera tan cruel y repentina, su madre y hermanas jamás hubieran tenido que buscar la espiritualidad y trabajar en el perdón de la manera en que lo hicieron.

El amor de pareja

Vivir en pareja proporciona un campo fértil para el aprendizaje. Solo a través de compartir la vida día a día se trabaja la humildad, la aceptación y demás virtudes. Nada es más intensivo y prometedor para la evolución. El amor de pareja se asemeja a la unión con el Todo porque al tener a otra persona cerca, se cubre parcialmente el vacío. Se llega a la unión al dejar el egoísmo, al dejar de centrarse en los propios deseos sin tomar en cuenta a la otra persona.

Cuando se vive en pareja ya no se está separado, sino que lo que uno desea el otro lo asume y lo que le acontece a uno le afecta también al compañero. Son uno en la vida, ya que juntos viven, juntos deben decidir el porvenir y su vida diaria. Esa comunión requiere de mucho desprendimiento, de dar sin esperar recibir, de procurar la felicidad del otro, siempre respetando su espacio. No debe ser, de ninguna manera, un amor posesivo, autoritario, demandante, sino un apoyo mutuo en lo que cada uno necesita desarrollar. En el momento en que sobrevienen dificultades, tratar de resolverlas con paciencia y generosidad; ver lo que la pareja reclama y tratar de concederlo si esto es posible. A veces se trata de malentendidos y entonces lo que queda es hablar con claridad y procurar enmendar las actitudes que molestan.

Ante la incongruencia de algunas enseñanzas espirituales vemos resultados desastrosos provocados por estas. Se ha tratado al sexo de impuro porque supuestamente nos ata al plano físico, por lo tanto, se practica con culpabilidad. Estas enseñanzas son profundamente dañinas porque van en contra de la naturaleza del ser humano a quien se le ha otorgado el placer durante la unión sexual, no solo para procrear sino para experimentar la unión con su pareja y así reforzar el amor que hay entre ellos. No es sano bloquear el instinto sexual pues acarrea muchos traumas psicológicos. Tampoco es sana la promiscuidad, porque al no incluir el verdadero amor que es el que debe imperar en el acto sexual, provoca insatisfacción. Como en todo, el equilibrio es la respuesta, ni represión ni promiscuidad, solo sexo con amor donde hay intercambio de energías y unión de los cuerpos, no únicamente del físico sino también del emocional y del mental.

El amor en una pareja lo transforma todo. Nuestro verdadero Ser tiene los dos aspectos, femenino y masculino, como los tiene la Fuente de Toda Vida, y según lo que desea experimentar, encarna como hombre o como mujer. Es cierto que en una pareja heterosexual ayuda al sentimiento de plenitud en el acto sexual la mezcla de las energías opuestas, pero en las relaciones homosexuales, cuando hay verdadero amor del que no es egoísta, este compensa la falta de la energía contraria.

La homosexualidad es una característica que se escoge de antemano, de la misma manera que todas las circunstancias que experimentamos en la vida. Son varios los aprendizajes que se buscan con ello, a saber: la aceptación y el perdón a uno mismo, el no tener una familia tradicional, experimentar el rechazo de la sociedad para desarrollar la humildad y acercarse más a Dios. Ante estas dificultades se busca la tolerancia hacia los que los rechazan y el desarrollo del amor universal. Para las parejas homosexuales, lograr una relación estable es aún más difícil porque no solo viven los problemas de toda relación sentimental, sino que estos se ven agravados por los obstáculos mencionados anteriormente.

El éxito de toda pareja se obtiene mediante un trabajo profundo de eliminación del ego controlador y del ejercicio de dar sin esperar recibir nada a cambio.

El amor a los hijos

El amor a los hijos es el que se acerca más al amor universal porque es desinteresado. Si el amor de pareja emula la unión con el Todo, el amor a los hijos da un paso más hacia el amor incondicional.

El amor a los hijos no debe ser ni posesivo ni controlador. Se les debe apoyar en lo que decidan hacer en su vida, darles libertad, mostrar caminos sin imponer criterios, nunca entorpecer su decisión, sino únicamente aconsejar lo que creemos razonable.

Cuando en su vida les toca sufrir, procurar aliviar ese sufrimiento sin ejercer control o imposición. Recordemos que cada uno vive los obstáculos que se propuso para su evolución y que no nos queda más que ayudar en lo que se puede sin involucrarnos en su experiencia, ya que no podemos saber el proyecto de vida que tiene cada alma.

Este amor nos abre a la posibilidad de la autotransformación, porque nos impulsa a mejorarnos para dar un mejor ejemplo a nuestros hijos. Amarlos de verdad requiere de mucho esfuerzo y autocontrol para dejar a un lado las propias ideas. Ser padres es abrir la puerta y mostrarles el mundo para que ellos mismos elijan, permitirles ser quienes son sin descalificación, protegerlos sin sofocarlos y dejarlos ir cuando decidan partir sin detenerlos.

Los hijos no son nuestro proyecto de vida, no nos pertenecen, no son los causantes de nuestra felicidad como tampoco de nuestra infelicidad, sino simplemente son una oportunidad más de aprendizaje. Tenemos que tener claro que somos independientes, cada uno con su propósito individual.

Es difícil ser padres y por ello se pueden cometer errores con el presunto objetivo de hacer lo más conveniente para los hijos. Una vez al tratar de ayudar a un alma a llegar a la Luz nos dijo lo siguiente:

Si estoy cerca de Alberto es porque quiero que sea lo religioso y recto que fui. No me parece lo que hace a veces, que no va a misa, que no respeta las enseñanzas de la Iglesia, y quiero que se corrija antes de irme. A mí me corresponde su educación y tendré que dar cuenta de su conducta ante Dios. Me desespera que no sea como yo, nunca pensé que mi hijo fuera tan distinto, pero lo que hago es por su bien.

Podemos ver en este ejemplo como aún después de muertos, la intención de dominar la vida de los hijos puede continuar. A pesar de tratar de convencerlo de que su actitud iba en contra del libre albedrío de su hijo, y de que el control que intentaba ejercer sobre él no le correspondía, siguió aferrado a su idea. Esto último nos muestra cómo, supuestamente actuando por amor, se actúa desde la soberbia.

El amor a la naturaleza

El mundo occidental ha considerado al hombre como una entidad separada al margen de la naturaleza. Este es uno de los más grandes errores que se hayan cometido. El hombre es parte de la naturaleza; su salud no depende más que de sentirse cómodo en ella.

Osho

Sentirnos unidos al Todo involucra a la naturaleza también. Esta forma parte de ese todo, es una manifestación más del Creador y al amarla nos estamos uniendo a Él. Cada árbol, cada río, cada montaña, cada insecto, cada perro, es parte de nosotros, así como cada uno de nosotros somos parte de ellos formando el Todo.

Amarla significa respetarla, no agredirla con el pretexto de obtener beneficios materiales. Significa estar agradecidos por las muchas bendiciones que de ella recibimos, significa utilizar lo que nos puede proporcionar para nuestras necesidades sin abusar. Significa recordar que cada ser vivo merece su lugar en este mundo para finalizar la misión que se propuso.

El planeta Tierra es un ser viviente que sufre si se le maltrata, se enferma si se le contamina y muere si no se le cuida. La humanidad lo ha atacado de muy diversas maneras y los desastres naturales que se viven actualmente son el resultado de esa agresión continua, en la que ha arrasado con los bosques, ha contaminado el mar, los ríos y los campos fértiles, y la atmósfera ha sufrido una degradación permanente con la emisión de gases nocivos.

Amar a la naturaleza es apreciar su belleza acatando sus leyes. Las culturas prehispánicas de América vivían en una convivencia armónica y profundo respeto por la naturaleza, a la que tomaban por la Fuente de Toda Vida. Respetar a la naturaleza es vital, respiramos, bebemos y comemos de ella, permitir el equilibrio entre quitarle y devolverle es importante para seguir disfrutando sus beneficios. Todo ser vivo merece cumplir su cometido y no deberíamos intervenir en el orden natural de las cosas. Así como el agua nace, fluye, se mezcla, se evapora y se condensa para regresar cumpliendo con su misión de dar vida, de esa misma manera todo debe fluir de acuerdo a su propósito en la vida. No podemos intervenir modificando el orden dispuesto por el Creador, pues el resultado es desastroso.

Capítulo VIII

EL ARTE Y LA MÚSICA

La música es una revelación más
elevada que cualquier filosofía o religión.
Ludwig Van Beethoven

El arte es la expresión humana que busca la estética y la armonía. Se vuelve el ser humano hacia lo que perdió al descender al mundo tridimensional, es decir, hacia la belleza y la armonía perfectas. Su alma anhela verlas de nuevo y esa necesidad crea la expresión artística.

Somos creadores, tenemos en nosotros el poder de crear que nos concedió el Creador al darnos una partícula de su propia esencia. Cuando el ser humano siente la necesidad de crear armonía y belleza se expresa a través del arte. En cada expresión artística se encierra una manifestación del Poder Divino: en la pintura se utiliza la forma y el color, en la escultura se da forma y movimiento a un material inerte, en la literatura se hace uso de la palabra que es el medio de comunicación más directo entre los seres humanos para expresar diferentes conceptos en forma bella, y en la música se utiliza el sonido que se origina en la luz, que se percibe en otros niveles como colores y en este plano como vibración que trasmite sobre todo sentimientos.

Antes de cualquier creación, en el universo se emite un determinado sonido que da lugar a una vibración que pone en marcha la energía universal de la que todo está conformado. Se puede decir que la creación se ha hecho a partir de música. Sabemos que el sonido primordial de la creación del universo es *AOM*, así han seguido multitud de otros sonidos que han ido formando los diferentes elementos de la creación. La luz es la primera manifestación del poder creativo del Altísimo, el color en el que la luz se descompone es vibración que difiere en cada uno de los colores, por lo que el sonido que emiten es distinto en cada uno. Cuando un universo se crea se escucha una música celestial que no tiene comparación con nada de lo que se escucha en el mundo físico. Esa música es continua en los altos planos dimensiónales porque la creación es continua.

Es la música la manifestación artística por excelencia pues es la que nos recuerda con mayor exactitud ese mundo del que venimos. Nos hace vibrar al unísono y el verdadero sentido de ella es vibrar en todo nuestro Ser para sutilizar nuestro vehículo físico. Desde luego que no toda la música logra este bello propósito, ya que hay algunas que por el contrario, densifican la vibración de quien las escucha.

El poder creativo del ser humano que está latente en cualquier persona, tiende a expresarse de diferentes maneras. Esa creatividad está más desarrollada en los que tienen sensibilidad artística. Los artistas son canales que tienen la posibilidad de entrar en contacto con otros planos de conciencia más elevados, de donde surge la inspiración que logra el equilibrio y la belleza que plasman en sus obras.

La belleza es el atributo del Ser Supremo a la cual todos somos sensibles, ya que su contemplación nos mueve una fibra profunda de nuestro Ser. Al entrar en contacto con ella recordamos, aunque sea un instante, la Belleza Absoluta del Ser Supremo que nos dio la existencia. No quiere esto decir que la que percibimos en este plano sea la del Creador, sino que es réplica a nuestro nivel de conciencia de la Suprema Belleza Original. El arte es la expresión más cercana a la Creatividad Divina ya que traduce a nivel humano la excelsitud de la belleza del Altísimo. No obstante, es imposible dar una definición intelectual de lo bello, pues esto es subjetivo, pero cuando un ser humano se enfrenta a algo hermoso para su percepción, entra en contacto con esa parte de su Ser que guarda el recuerdo de la hermosura infinita de Dios, quien es en sí la total belleza, la absoluta armonía y bondad.

El arte es una manifestación de nuestra esencia divina. Cuando se crea una obra de arte, el artista entra en contacto con su Yo Superior y en comunicación con planos superiores de conciencia de donde emana su inspiración.

¿Quiénes otorgan esa inspiración? No son seres ajenos al artista sino su propio Ser que se encuentra en esos momentos en contacto con planos elevados en donde se percibe la belleza que viene de Dios; al buscar la inspiración se entra en un estado expandido de conciencia y es posible absorber la belleza y la armonía que reina en esos planos, lo que el artista logra plasmar en su obra a través de su propia visión de la belleza. Así pues, el arte que se pueda considerar como tal, es la expresión del Altísimo que se manifiesta a través del artista y de este en su búsqueda de Dios. El artista busca en el fondo de su Ser el verdadero significado de la vida y plasma en su obra lo que le llega del contacto con su Yo interior que siempre está en búsqueda de cada vez manifestarse mejor.

Cuando se trata de componer música, el trabajo que se realiza es adaptando los sonidos que se perciben en esos otros planos al oído humano dentro del personal sentir y habilidad del compositor. La música es, de las expresiones artísticas, la que más nos acerca al Creador porque es un arte que va dirigido directamente a la vibración anímica.

Todos estos conceptos vienen de mensajes que recibí, durante aproximadamente dos años, de alguien que se encuentra ya en el Mundo Espiritual y quien dice ser un músico muy famoso. No puedo tener la certeza de que se trate de este gran maestro, pero los conceptos que me transmitió contienen sabiduría y enseñanza, por lo que presento a continuación algunos extractos de nuestra larga y bella correspondencia. Un día empezó de la siguiente manera.

¿Por qué, me dirás, hablo con una desconocida que se encuentra entre los millones de mis admiradores? Se te ha buscado como alguien que vibra a la misma tesitura de mi alma, pues si te gusta tanto la música que compuse es porque vibramos en una frecuencia muy similar. Entonces me he propuesto charlar contigo, como amigo tuyo que soy, y darte algunas apreciaciones de mi entender del universo y de nuestro Creador.

Mi verdadero interés al comunicarme contigo es que se dé al mundo mi experiencia como alma dentro del marco de alguien mundialmente famoso por su música. Es necesario decir cuán difícil es elevarse en la espiritualidad cuando se está rodeado de éxito. Mi experiencia fue esa, estuve rodeado de admiradores que me adulaban y veía en mi música el instrumento que me glorificaba como persona, en lugar de constituirme en el instrumento del divino poder de música celestial. No es útil decir que fui elegido para este trabajo pues yo mismo fui quien lo eligió y lo hice a medias, ya que hubiese podido llegar a mayores alturas. El ego, siempre el ego, trabaja en nuestra contra.

Sus mensajes se sucedieron durante más de dos años enfrentándose siempre a mi incredulidad en lo que respecta a su procedencia. He aquí lo que dice sobre la composición musical.

La música se compone de vibraciones sonoras que están en el cosmos. El compositor no saca su composición de su mente, sino que se conecta con esa frecuencia y trae al mundo material esos sonidos que escucha. Al decirte que los escucha es que le llegan a su Ser, los percibe, los siente y después los mezcla y transforma siguiendo su estado de ánimo y el conocimiento que ha adquirido a través del estudio.

Hay quienes traen esta facultad de una experiencia previa, como es el caso de Mozart. Se le dio esa enorme facilidad desde muy temprana edad porque venía de una vivencia como músico y quiso completar la obra que no había logrado en esa primera experiencia. Yo tuve también la facultad de oír las vibraciones sonoras pero tuve que estudiar y dedicarme de lleno a componer música. Por momentos mi sentir era grandioso y luego venían momentos de dulzura y melancolía, junto a expresiones de una gran pasión humana. Ese era yo, el que pasó por todos esos sentimientos que dieron lugar a mi música.

La música está compuesta de vibraciones sonoras que vienen de la luz y que se perciben como sonido y a otro nivel como color. El compositor se abre al contacto con la dimensión cósmica donde se originan esas vibraciones y las percibe en su Ser. Al oírlas, por así decir, vibra con ellas y según lo que desee expresar, las va a mezclar y transformar ayudado por los conocimientos y habilidad que tenga para la composición. Nuestro deseo de Dios nos motiva a componer una música que eleva la vibración del que la escucha. Es la música la expresión anímica que mejor expresa y contagia los sentimientos del autor. Su vibración provoca al auditorio los sentimientos que llevaron a su composición, dentro de los límites de la capacidad de percepción de cada individuo.

Sobre varios temas me habló, pero sobre todo de la música y sus efectos, así como de su propia experiencia al componerla y también de su vida.

La música es una expresión de la belleza del Altísimo. En Él existe toda la belleza, la armonía, el equilibrio y su deseo es compartirla con sus criaturas. Esta vibración que es la música sale de su esencia, como todo lo demás, las ondas sonoras se convierten en luz y estas a su vez en color. A otro nivel la música se percibe también en colores maravillosos. Esto es algo que no se conoce mucho en la Tierra pero que ya se empieza a descubrir científicamente.

Nuestra manera de componer música es, como ya te decía, poniéndonos en contacto con las ondas sonoras que atraviesan el cosmos. Me dices que el cosmos es algo desconocido para los humanos y en realidad así es. Pero ¿cómo describir la inmensidad de la creación sino con un término que aparenta abarcarlo todo? Así, no nos paremos en semántica y volvamos a nuestro sujeto. Al oír, o mas bien sentir en nuestro Ser esas ondas sonoras, las adaptamos y mezclamos combinándolas como los pintores combinan sus colores, siguiendo nuestro estado de ánimo, los sentimientos y emociones que deseamos expresar. Cuando se está alegre la música que resulta es alegre, cuando nostálgico eso es lo que expresa y cuando se tiene anhelo de nuestro destino final, resulta ser una música grandiosa. Ahora bien, cuando se está atrapado en la baja vibración terrenal y solo se tienen deseos de sexo, violencia, enajenación, la música que resulta es esa que tanto se escucha actualmente. Así era, me concentraba y me empezaban a llegar a la mente sonidos conjugados que yo trataba de escribir pero que llegaban con tal rapidez que difícilmente podía apuntarlos. Sin embargo, algo quedaba en mi mente y de ahí sacaba la inspiración para la composición de mi música. Al escribir esos temas me sentía cerca del cielo, después volvía a aterrizar dentro de mi ego que me jalaba hacía abajo. Ese fue mi gran freno, no sabía cómo sostenerme en las alturas, siempre regresaba a los deseos y necesidades humanas, dejándome llevar por la alabanza y el éxito.

Dos años después de que dejé de recibir mensajes de este ser, un día alguien me regaló un libro en donde decía que Johannes Brahms le explica a su gran amigo Joseph Joachim lo que le sucedía durante el acto creador de la composición: «... cuando sentía esas vibraciones cósmicas superiores sabía que estaba en contacto con el mismo poder que inspiró a esos grandes poetas, Goethe, Milton y

Tennyson, así como a los músicos Bach, Mozart y Beethoven. Entonces las ideas que estaba buscando conscientemente fluían sobre mí con tal fuerza y rapidez que solo podía atrapar y sostener unas cuantas, nunca pude apuntarlas; llegaban en ráfagas instantáneas y rápidamente se desvanecían a menos que las fijara en un papel. Todos los temas que perdurarán en mis composiciones me llegaron de ese modo. Siempre fue una experiencia tan maravillosa que nunca pude animarme a hablar de ello, ni a ti Joseph. Sentí que estaba en ese momento sintonizado con el Infinito y no existe una sensación igual a esa».

Fue grande mi sorpresa al constatar la similitud de lo que quien dice ser el alma de Johannes Brahms me comunicaba en sus mensajes con lo que decía en vida y que años después descubrí.

En una ocasión, un amigo mío que está también en la búsqueda espiritual, leyó algunos extractos de esta correspondencia que le parecieron muy bellos. Me pidió permiso para mostrárselos a un grupo de personas que compartían sus inquietudes, a lo cual accedí con la condición de que no debía decir de quién supuestamente procedían. Antes de leerlos solo dijo que provenían de un músico muy famoso. Dentro de su auditorio había una persona conocedora y amante de la música que pensó se trataría de Mozart, Beethoven o Bach. Curiosamente mientras escuchaba los mensajes, creyó estar equivocado al oír en su cabeza la «Obertura del Festival Académico» de Brahms.

A lo largo de esos dos años en que recibí sus mensajes, había en ellos bellas enseñanzas como esta.

Sé muy poco sobre las grandes verdades cósmicas y no es de eso de lo que te hablaré. Sé más sobre el amor humano y su trascendencia hacia el amor divino.

Cuando vivimos en el mundo terrenal nos emborrachamos con sus falsos placeres, creemos que la felicidad se encuentra en la obtención de halagos, superioridad y aceptación del género humano. Yo que lo tuve, te puedo decir que nada de eso te llena el alma, existe siempre un anhelo profundo de algo que no se encuentra ni en el poder, en la fama o el dinero y solo vislumbres en el amor humano. Este se compone del deseo del alma de unirse a aquello de lo que se ha separado, es decir, lo que en realidad busca el ser humano en el amor terreno es sentirse en unión con otra alma para eliminar el sentimiento de separación. Se logra momentáneamente, pero siempre persiste ese vacío de algo que no acertamos a comprender. Ese algo no es otra cosa que nuestro destino final, la unión última con nuestro Creador. Nuestra verdadera felicidad reside en ser uno con todo lo que existe. Si vieras cómo se comprenden las cosas una vez despojado del cuerpo físico, no actuaríamos como lo hacemos cuando bajamos a la densidad que es la Tierra. Se necesita comprender que el éxito mundano es sumamente peligroso para el adelanto espiritual. A través de las diferentes experiencias que se tienen en el mundo físico vamos aprendiendo nuevas virtudes y desechando los antiguos defectos, pero cuando se decide probar el éxito es una de las cosas más peligrosas para enaltecer el ego. Se tiene que experimentar en un momento dado, así como el poder, pero ¡ay qué difícil es salir de su embrujo! Cuando llegas a algún lugar en el que solo recibes admiración y halagos te sientes casi Dios. Nadie te merece y eres alguien sumamente especial, diferente del resto de la humanidad. Los que tienen tus mismas facultades y, por lo tanto, obtienen éxito también, son objeto de tu envidia y odio acérrimo porque comparten la gloria que crees merecer únicamente tú. Yo tuve mucha envidia de quien obtuvo demasiada admiración al escribir sus óperas, algo que yo ni intenté hacer, pero que en esa época tenía gran aceptación. Te puedo decir que odié toda su música y no porque fuera mala, sino porque representaba una competencia que no soportaba. Mi gran pecado fue la soberbia de creer ser único. En realidad, fui un canal como tú lo eres ahora.

De lo poco que sé sobre Brahms, él nunca se casó, pero aparentemente tuvo varias amantes y supuestamente un amor platónico por Clara Schumann.

Es absoluta verdad que mi concepto de la mujer fue muy controvertido, veía solamente dos tipos de mujer: la virtuosa que no era accesible y la mujer que se daba a cualquier hombre, ya fuese por dinero o por vicio, lo cual no me satisfacía el espíritu.

Ahora me doy cuenta de cuán equivocado estaba, Dios nos ha dado un alma que habita un cuerpo físico que está diseñado para unirse a su opuesto mientras se encuentra en el mundo dual. Esto es necesario para experimentar la dualidad antes de llegar a la conciencia de unificación. Así, el sexo es sagrado y debe utilizarse para glorificar al Creador; no es algo sucio o degradante, el placer que confiere ha sido un don divino que ayuda a elevar la energía, siempre y cuando esté utilizado con amor. He aquí la clave de todo, el amor es lo único que santifica cualquier cosa.

Nos enseñaron que la materia y el cuerpo son despreciables y que solo el espíritu es santo. Si nuestra decisión ha sido manifestarnos y experimentar en el mundo de la materia, es indispensable el cuerpo material que solo hace las veces de templo del espíritu, por lo que es verdaderamente santo.

Al estar el ser humano experimentando la dualidad y la separación, su anhelo es volver a la unidad para experimentar la plenitud, ya que siempre tiene el sentimiento de carencia, de que algo le falta. De ahí la necesidad de unirse a la energía complementaria del sexo opuesto para sentirse de nuevo completo. Se obtiene momentáneamente pero no dura porque mientras se está en la experiencia de la dualidad no se puede lograr

la plenitud perdurable que solo se obtiene volviendo a
la conciencia de unión con el Todo.

También me habló sobre los efectos que produce la
música sobre el ser humano.

*Hay mucho de qué hablar sobre la música y sus efec-
tos. Esta vibración está compuesta por energía sonora
a diferentes frecuencias. Por ejemplo, el do en la escala
de octava, el que está más bajo vibra a una frecuencia
más lenta que su octava superior. Ahora bien, si vemos
cómo se compone la música que nosotros, los seres humanos inventamos, es a base de estas vibraciones que
buscan la armonía y el equilibrio. Si nuestro canal está
afinado, nos llegarán a nuestra mente los sonidos que
van componiendo las melodías. Estas son más o menos
bellas según nuestra percepción, ya que en los niveles
más elevados estos sonidos van siendo cada vez más de-
licados y sutiles. Es energía que viene de Dios y que sirve para dar placer a quien la escucha, pero, sobre todo
para ponerse en sintonía con esa vibración que viene de
Él y lleva a Él.*

*Es claro cómo se absorbe la vibración musical si se en-
tiende que si se hace vibrar una cuerda en un instrumento musical en el que hay otra idéntica colocada
debajo de ella esta vibra por sintonía. Así, nuestra sensibilidad vibra al unísono con las ondas sonoras que nos
llegan del exterior. Al sintonizarse con una determinada*

197

música, esta provoca vibración en todos los átomos del cuerpo que aceleran o densifican su frecuencia. La música llamada celestial es la proveniente de planos muy elevados en los que la energía divina es de tal manera sutil que provoca ondas sonoras de una inimaginable belleza, belleza que se escapa del núcleo del universo que es nuestro Creador. Si nos movemos hacia frecuencias más elevadas, esa energía sonora nos envuelve y acelera nuestra propia vibración anímica. Este es el milagro de la música elevada y esto se comprueba con la práctica actual de terapia mediante música elevada de Bach y Mozart. Por esta razón la música compuesta para la meditación ayuda a entrar en un estado más profundo, las ondas cerebrales bajan su frecuencia logrando así un estado de paz y armonía.

Por el contrario, si se reduce el ritmo de su frecuencia, la música será valorada como nefasta y hasta nociva. Nociva, ya que densifica nuestra frecuencia vibratoria y en lugar de elevarnos tratando de buscar planos de más sutil vibración, nos ata a la baja vibración terrenal.

Sus mensajes fueron muy variados, me daba instrucción sobre la manera de componer música, pero también de cómo comprenderla.

Se necesita entender que para comprender cualquier tipo de música es necesario envolverse en ella y por lo tanto vibrar al unísono. No se puede apreciar ninguna música si no se vibra con ella. Así, no nos gusta lo que no va en el mismo sentido de nuestra propia vibración. Si tu vibración encuentra sintonía con una determinada expresión musical, ella va a ser de tu agrado, pero si se opone a ella la rechazarás como desagradable. Sin embargo, hay muchas maneras de juzgar la música y los conocedores de la composición la juzgan de manera distinta que el público común. Ellos admiran la composición de melodías, el arte de combinar los instrumentos y eso es lo que les hace decir que es una obra de arte. También en la música moderna en la que hay sonidos contrastantes y ritmos encontrados hay arte en su composición.

También habló de su vida, de los sentimientos que lo llevaron a componer lo que compuso y de su ego, nuestro mayor enemigo, el responsable de nuestros sufrimientos y de muchos de nuestros errores.

Mi historia se reduce a que no realicé todo lo que me propuse antes de encarnar. Me había propuesto componer música que elevara hacia Dios a los que la escucharan. No lo logré como hubiese querido porque me atoré en las pasiones humanas. No digo que mi música no eleve el alma pero se siente el trasfondo de una pasión muy humana. Me dejé llevar por el deseo de poder, de aceptación y por la ira contenida de cuando las cosas no eran como yo decidía que debían ser. Sin embargo, tuve mucho talento y me conectaba en efecto con el plano donde se encuentran las ondas sonoras. Las mezclé genialmente y logré una música que se sigue escuchando con placer, pero no obtuve la altura de la que era capaz. Fui muy soberbio, me adulaban y al mismo tiempo me criticaban, lo que me dolía profundamente. Mis composiciones siempre fueron hechas con la intención de que gustaran, me dolía que no fuesen aceptadas, aunque comprendía que tenían conceptos musicales de valor pero incomprendidos. Cuando morí vi con claridad ese defecto y me llené de pesar al haber desperdiciado mi genio en la búsqueda de aceptación.

Al no recibir ninguna aceptación del público después de presentar mi primer concierto, me decepcioné a tal grado que abandoné el género sinfónico y no quise volver a hacer nada de ese género. Mis ideas nuevas que se plasmaron en ese concierto las abandoné por completo y adopté una forma musical un tanto más clásica, más cercana a lo que el público estaba acostumbrado. Efectivamente, si no hubiera sido por mi amor propio herido, mi música hubiera sido más avanzada, pues tenía en la mente muchas ideas que muchos músicos posteriores adoptaron. Ve en mi primer concierto la obra que comenzó un ciclo que no se llevó a cabo y que hubiera sido grandioso. Me arrepiento de nuevo de haber escuchado a mi ego que detuvo mi natural deseo de innovación.

Mi música podría haber sido grandiosa si no me hubiera dejado llevar por el ego y el deseo de aceptación y gloria. Antes de componer siempre abría mi corazón a esos planos de los que te he hablado y de allí recibía la inspiración, pero me preocupaba de la acogida que podía tener mi obra. Eso me frenó mucho al componer música más elevada porque no me dejaba fluir sin esperar aceptación. Fui demasiado cerebral, sin ello creo que habría llegado mucho más alto. El verdadero músico no busca la gloria personal sino únicamente alabar al Creador. La música de Bach es probablemente uno de los mejores ejemplos de esta alabanza. Su intención pura lo llevó a elevarse en la escala vibratoria y al sentir la música en su Ser, pudo traducirla a la escala humana de manera maravillosa. Yo fui en vida gran admirador de su obra y hubiera querido llegar a esa excelsitud pero, como ya te he dicho, el ego me lo impidió.

Mi música fue muy controvertida, fui muy criticado y alabado al mismo tiempo y te digo que si se escucha lo uno o lo otro no sirve para el desarrollo de tu obra. Esta se tiene que hacer con lo que sale del alma sin importar si va o no a gustar. Solo la sinceridad y la entrega en cualquier obra artística valen.

Es cierto que hay algunos a quienes mi música les es desagradable y es porque provoca una introspección que no son capaces de soportar. Mi sentir de entonces era la búsqueda de la trascendencia y se escucha en ella la profundidad de ese sentimiento. Esas personas no están dispuestas a elevar su espíritu hacia la búsqueda espiritual, prefieren quedarse en la vibración terrenal.

También por momentos es desbordante de pasión y de dolor seguida de dulzura y amor. Son saltos de frecuencia que no todos pueden soportar. Así fue mi experiencia con ella, por eso o gustaba mucho o era criticada severamente.

Recuerdo cuando se me criticó amargamente al sacar a la luz mi primera sinfonía. Me costó mucho trabajo decidirme a escribir una obra sinfónica al estar bajo la sombra gigantesca de Ludwig a quien en aquellos días todos admiraban con razón. No me sentía capaz de hacer una obra de ese alcance y eso no era otra cosa que ego. Cuando la acabé y me dijeron unos que era maravillosa, pero otros la encontraban mediocre y con falta de madurez, puedo decirte que me hacían más mella las críticas que las alabanzas y me costó trabajo decidirme a seguir con la obra sinfónica. Ahora me doy cuenta de que fue un gran error pues hubiera podido dar mucho más de mí y habría más obras sinfónicas que finalmente son muy admiradas. Me arrepiento de haberme dejado llevar por mi ego herido en lugar de hacer caso omiso de las críticas y continuar componiendo, ya que en esos casos no somos nosotros sino el Altísimo quien actúa a través de nosotros.

Tuve mucho problema con mi ego y eso es lo que me detuvo para avanzar en mi arte. Sí fui grande, pero podía haber sido magnífico como el gigante que vivió antes que yo. Hablo de Juan Sebastián Bach que siempre buscó a Dios en su arte y no su propia gloria.

Estos extractos de lo que me transmitió sobre su vida nos dejan claro cómo el ego es nuestro peor enemigo. No solo es el responsable de nuestros sufrimientos sino también nos impide muchas veces avanzar en la vida hacia la consecución de un determinado proyecto o en nuestra evolución espiritual.

Sobre el piano dice así:

El piano tiene una vibración más fuerte que otros instrumentos y llega directamente al alma. Los otros instrumentos, cada uno llega a una parte del alma pero el piano vibra a la frecuencia terrenal, por eso llega tanto. Al vivir en la Tierra se necesita la vibración de la materia para vivir en ella en forma equilibrada. El piano es un instrumento que ayuda a centrarse en la vida en la materia porque a la vez que sus vibraciones elevan el alma, como toda música elevada, llegan más fácilmente a la vibración del Ser encarnado.

Mi experiencia fue el desbordamiento de mi alma y mi sentimiento al escribir frente al piano. Viví alrededor de su encanto y cuando estaba triste o desorientado me sentaba delante de él y hablaba con él, lo que de inmediato me centraba. Es por esto que es recomendable escuchar composiciones de piano cuando se requiere anclarse en el mundo material, elevando el espíritu, porque este instrumento tiene las dos propiedades.

Nos habla también del sentimiento que lleva al artista a crear arte:

Cuando el artista no encuentra el sentido de la vida busca en el arte liberar su alma de ese peso. Mi experiencia fue que buscaba el sentido de la vida y a Dios pero al mismo tiempo me envolvían las pasiones humanas y eso me desesperaba. No acertaba a mantener mi elevación de vibración por mucho tiempo. Meditaba en mi música encontrando nuevas formas de expresión que salían de lo más profundo de mi Ser y al no alcanzar la iluminación, se convertía en esos momentos de gran fuerza y emotividad. Esa música de gran intensidad sale de mi enorme deseo de entender el objetivo de la vida, de llegar a Dios y de la impotencia de encontrarlo.

Es curioso cómo en un mensaje de los maestros en el que me hablan de la vida de Tchaikovsky se encuentran los mismos conceptos.

Al oír a Tchaikovsky te das cuenta de su enorme desolación y al mismo tiempo de su gran pasión. Ve en esa alma su deseo de trascender y su gran anhelo por Dios. No se lo confesaba pues se decía ateo pero el anhelo que se percibe en su música no era otra cosa sino el deseo de plenitud que creía se encontraba en las relaciones humanas, pero que en realidad venía de lo más profundo de su Ser. Sufrió lo indecible y a

la vez fue un gran trabajador puesto que su pasión fue la música. Merece el aplauso de la humanidad pues lo que compuso llega al profundo sentir de la mayoría de los humanos, toca las fibras sensibles de mucha gente y les provoca el anhelo de amar.

Cuando se escucha una música que fue compuesta bajo la influencia del dolor de la separación nos recuerda nuestra propia desolación. Al escuchar su música se siente una búsqueda de algo superior que no logra alcanzar.

También recibí supuestamente una comunicación del mismo Tchaikovsky confirmando lo anterior:

Me costó mucho trabajo mi vida en la materia, la música era toda mi pasión, pero a la vez me sentía solo. Nunca negué la existencia de un Ser Supremo y el anhelo por trascender esta dimensión está claramente expresado en mi música, sin embargo, no creía en lo que decía la religión. Fui, dentro de mi limitación humana, devoto del Creador, siempre admiré y agradecí por la maravilla de la creación. Son mis sinfonías una alabanza a la naturaleza y a Dios y a la vez una desesperación de no encontrarlo, de no entender el verdadero sentido de la vida.

Y finalmente Brahms nos transmite un bonito pensamiento sobre el significado de la oración.

El verdadero significado de la oración es la elevación vibratoria de nuestra mente y por ende la de todo nuestro Ser. El Creador no necesita de nuestras alabanzas y oraciones, pero al habernos dado el libre albedrío y nosotros haber perdido el camino de regreso, nuestra voluntad entra en armonía con Él durante la oración. No se trata de pedir caprichos y de que la vida sea como hemos decidido que debe ser, sino de elevar nuestra voluntad a unificarse con la suya. Por esto se entiende que nuestra voluntad sea de unificación, lo que dará como resultado un mundo de paz y fraternidad. Será posible algún día, solo depende de nuestra voluntad para obtenerlo.

Capítulo IX

PASAJE A LA VERDADERA VIDA

Después de haber estado tantos años en contacto con otros planos de realidad, he llegado a comprender que la muerte, como extinción de la vida, no existe. Lo que llamamos muerte es únicamente un cambio de estado, de uno en el que estamos dormidos a otro que nos sitúa en la verdadera vida. Ese paso tan temido y desconocido es parte de la vida y significa el término de la experiencia que nos propusimos tener en la vida física. En realidad, no hay por qué temerle puesto que es más difícil nacer que morir, en el primer caso se viene a la limitación del mundo físico y al olvido de lo que somos en realidad, mientras que en el último nos liberamos de esa limitación para regresar a casa. Nada muere, todo se transforma, nuestra vida es eterna como la Fuente donde se originó.

Mientras se vive en la Tierra, el ser humano se olvida de su verdadera naturaleza divina, se apega a la materia física con sus falsos placeres, identificándose con su cuerpo sin tomar conciencia de su inmortalidad. Esto le provoca un miedo incontrolable y profundo a perder la vida física, no se da cuenta de que lo único que pierde es su envoltura temporal, que la vida sigue en otro plano y que desde el momento en que sale del cuerpo físico obtiene una libertad que no se tiene dentro de él, donde se vive limitado no solo en el entendimiento sino también circunscrito al tiempo y al espacio. Nuestra vida es eterna y la muerte no es más que el final de un ciclo vital en el mundo físico. Nuestro verdadero Ser nunca muere porque es eterno, siempre fue y siempre será ya que se origina en la Fuente de toda Vida que es infinita y eterna.

Cada quien vive el proceso de la muerte según su estado de conciencia y los pensamientos que tenga al momento de morir. Quien no tiene apegos a lo que deja, ya sea familia, objetos, posición social, dinero, poder o el propio cuerpo, generalmente no tiene problema en encontrar el camino del Mundo Espiritual que se manifiesta como una luz brillantísima que los atrae. Pero los que están apegados a cualquier cosa, se quedan atados al objeto de su apego. Dado que nuestra mente es creadora, los que creen que con la muerte física se acaba todo y que tras ella no hay nada más, eso mismo encuentran, la nada, solo bruma y soledad, pues lo que pensamos se manifiesta, pero al mismo tiempo constatan que siguen vivos, lo que les provoca gran confusión. Por otro lado, los últimos pensamientos que se tienen al morir, ya sean de culpa, de miedo a un castigo inexistente, de venganza, de rechazo a la muerte, de rencor, de odio y frustración, según su intensidad, mantienen al alma envuelta en ellos evitándole avanzar hacia el mundo que le corresponde. También en algunos individuos se da el caso de que no se dan cuenta de que han muerto, en muchas ocasiones como consecuencia de una muerte violenta o repentina, y entonces, o bien siguen actuando como si no hubieran muerto o bien rondan sin rumbo y sin saber qué hacer ni comprender en dónde están. Otros, al no encontrar lo que esperaban, vagan desorientados llenos de frustración. A estas almas no se las abandona, seres de luz acuden a ellas para ayudarlas a salir de la oscuridad.

Veamos lo que nos dice un alma sobre el proceso de la muerte:

Cuando se llega a la Luz después de separarse del cuerpo físico, es verdad que se siente una gran dicha que nos aclara mucho del significado de la existencia, pero después viene el repaso de la vida que acaba de concluir, con el autojuicio en el que se ven los éxitos y fracasos de la vida, por supuesto desde el punto de vista espiritual, no material. Allí se experimenta dolor por las faltas de amor y se compromete el alma a no repetirlas, algo que muchas veces se olvida una vez encarnados. Después se entra en el sueño reparador que según el estado del alma dura más o menos, aunque no se puede hablar de tiempo, porque aquí no es el mismo que en la Tierra. Acto seguido el alma va al plano que le corresponde según su frecuencia vibratoria.

El primer plano es todavía, vibratoriamente hablando, muy cercano al plano terrenal y es donde se puede crear a voluntad cuanto hubiésemos deseado tener en la Tierra. Hay quienes no pasan por ese plano porque su frecuencia vibratoria es más sutil y no lo necesitan. Se accede al segundo plano cuando después de agotar el primero, se desea seguir avanzando. En este segundo plano ya se tiene el sentimiento de amor elevado y se estudian las verdades cósmicas. De allí se pasa al siguiente plano en donde se experimenta la unión con el Todo y las almas se dedican a ayudar a los rezagados. Cuando esa personalidad del Yo Total accede al tercer plano, ve lo que necesita aprender y entonces su Yo Superior proyecta una nueva personalidad que baja a experimentar de nuevo el mundo tridimensional.

Apoyada en las diversas experiencias que he tenido con los ya fallecidos, además de los dictados que he recibido sobre el tema, he aquí una somera descripción del proceso de la muerte.

La muerte es un paso a otra dimensión, a la verdadera vida que se encuentra en el Mundo Espiritual. Cuando decidimos incursionar en el plano físico, nos revestimos de un cuerpo que nos servirá para expresarnos en ese mundo y llevar a cabo la experiencia que nos propusimos de antemano. Al terminar esta, dejamos ese cuerpo que ya no necesitamos y regresamos a casa. Entonces vivimos en donde nos corresponde, como seres espirituales que somos en realidad.

Sin embargo, hay quienes que, como ya dijimos, se quedan apegados a los pensamientos de lo que acaban de dejar y entonces no ven la Luz que se abre a sus espaldas. Al salir del cuerpo físico lo primero que sucede es que constatamos que seguimos vivos. Esto desorienta a quienes creían que con la muerte física todo terminaba. Otros, llenos de culpa, temen lo que les puede pasar ya que se les ha dicho que les espera un castigo por sus «pecados». Otros más, voltean hacia lo que dejaron y se rebelan por haberlo perdido. También hay quien se queda apegado a deseos de venganza, adicción al alcohol, drogas, sexo y maldad en sus diferentes modalidades. Estos seres no ven la Luz por estar enfrascados en sus pensamientos y deseos, por lo que se quedan vagando en lo que se denomina el Bajo Astral. Hay que recordar que en esos planos el tiempo no existe, solo la intensidad de los deseos y pensamientos que los tienen atados allí. En cuanto estos se disuelven, van adonde deben estar, al Mundo Espiritual.

Viene después la revisión de la vida que acaba de terminar, que puede darse en cuanto se empieza a desvanecer el primer impacto de la muerte. Para quien se va de inmediato a la luz del Mundo Espiritual, esa revisión es inmediata, pero para quienes se quedan estancados en la vibración del mundo físico va ocurriendo poco a poco, siempre y cuando su mente no esté obsesionada con las ideas a las que hemos hecho alusión anteriormente.

Quienes llegan al Mundo Espiritual, después de la revisión de su vida en la que altos seres espirituales los ayudan con mucho amor a examinar y valorar sus errores y aciertos, se les lleva a un estado que podríamos describir como de «sueño reparador»; esto con el objetivo de equilibrar con energía universal su cuerpo astral o emocional que se encuentra dañado por diferentes razones, ya sea por el dolor físico o emocional, enfermedad, droga, alcohol, depresión. Este proceso es diferente según lo necesita cada quien.

Se entiende por «Astral» las diferentes dimensiones, no físicas, donde moran los espíritus. Es el Mundo Espiritual el que pertenece a la tercera dimensión; en él hay varios planos según su frecuencia vibratoria. El Bajo Astral es el más cercano a la vibración terrenal y aún en él hay diferentes niveles que corresponden al estado de conciencia de los que se encuentran allí. El de más baja vibración es el que correspondería al llamado infierno y está habitado por seres en estado de conciencia muy bajo que niegan la luz de Dios y la suya propia, lo que les produce una profunda infelicidad.

Los seres que se encuentran en el llamado infierno, al ser tan desdichados, desean que los demás lo sean también y se dedican a influir negativamente en los encarnados; son a los que se les puede considerar como «demonios». Este estado no es un castigo sino un estado de conciencia voluntario que nace de la soberbia de no reconocer la existencia del Ser Supremo ni de ninguna autoridad sobre ellos. No se trata ni de castigo ni de un estado eterno y en cuanto ellos deciden cambiar sus pensamientos, salen de las tinieblas.

La crueldad es el resultado de la profunda infelicidad que el ser humano experimenta en la separación. Si sufre quiere que los demás sufran también y en ello encuentra una especie de consuelo. Viendo el sufrimiento de sus congéneres cree sentir placer, ya que hay alguien que está peor que él, pero ese supuesto placer no logra nunca satisfacerlo porque justamente es algo contrario a su verdadera naturaleza que es amor.

Esto explica la crueldad que son capaces de ejercer los seres humanos en el mundo físico y de la misma manera, la de los desencarnados del Bajo Astral.

En el Bajo Astral hay varios planos según el estado de conciencia del desencarnado. Desde los que están sumidos en el odio, la venganza, la culpa y los diversos apegos hasta los que solo vagan desorientados al no saber adónde dirigirse por no haber encontrado lo que esperaban. Todos ellos se encuentran en la oscuridad y el frío mientras no vean la luz del Mundo Espiritual que los llevará al nivel del «astral» que les corresponde. Siempre son ayudados a salir de ese estado por seres angélicos y guías que tratan de dirigirlos hacia la Luz. En algunos casos estos son asistidos por personas con facultades psíquicas que tienen más fácil acceso a los desencarnados que todavía se encuentran en la vibración del mundo físico. Este es el caso de Isabel y mío. Las oraciones dirigidas a su intención les ayudan también a despegarse. Por esto en las diferentes religiones se ora por los difuntos.

El siguiente paso es la vida en el primer plano del Astral, que al ser similar a lo que se conoció en la Tierra, pero de una belleza mucho mayor, el recién llegado puede adaptarse fácilmente a esta nueva vida. Como nuestra mente es creadora, ya sin la limitación del cuerpo físico se puede crear a voluntad y de manera inmediata lo que se desee. Este pasaje se considera como el descanso de los avatares de la vida física, en él se obtiene todo lo que se hubiera deseado en la experiencia terrenal. Una vez satisfechos esos deseos, el alma siente la necesidad de seguir ascendiendo en la búsqueda de su encuentro con Dios.

A continuación, una comunicación que tuve con un alma a la que ayudé a llegar al Mundo Espiritual y que se encuentra todavía en el primer plano.

Como no hay nadie que rece por mí, me encuentro en un mundo de fantasía que no me satisface completamente y quisiera seguir avanzando. Me dices que con desearlo basta, pero no es tan fácil porque tienes que quitarte tus antiguas creencias y purificar tu ego. Ya he comprendido muchas cosas, pero todavía estoy inmerso en mi deseo de sobresalir. Aquí, aunque todos estamos en un ambiente amoroso y armónico, sigo deseando destacar sobre los demás y eso sé que no debe ser. Al estar todavía inmersos en el ego no nos es posible avanzar más y necesitamos la ayuda de quienes nos envían energía mediante las oraciones. Te pido que ores por mí, que me envíes luz como tú sabes porque es altamente útil para seguir avanzando.

Esto nos muestra que las oraciones por los difuntos son siempre útiles en donde quiera que ellos se encuentren, les llegan en forma de energía amorosa que les ayuda a avanzar en su proceso. Así siguen las almas elevándose en el Mundo Espiritual hacia planos superiores.

A través de las múltiples experiencias que he tenido ayudando a los que, por diversas razones, se quedan estacionados en el Bajo Astral, me he dado cuenta de que sus pensamientos son los que los encadenan. En cuanto estos se diluyen pueden liberarse y dirigirse a la Luz. En la muerte, como en la vida, es la mente la que rige nuestro destino.

Como ejemplo de lo anterior relataré el siguiente caso: Blanca vino a verme diciéndome que no sabía por qué últimamente sentía a su madre cerca de ella; le venía a la mente constantemente. Hablamos con su madre y se expresó así:

Mis hijos no me comprendieron nunca y sentí en el alma su incomprensión. El verme abandonada por su padre nunca lo superé y por eso me evadí de mi realidad. Sé que fui cobarde al reaccionar así pero no veía otra manera de hacerlo. El dolor, la frustración y el rencor se instalaron en mí y nunca pude superarlos. Ahora me encuentro en una «tierra de nadie» que no entiendo lo que es. No encuentro adónde ir, me desespero al estar inmersa en estos sentimientos que no puedo cambiar.

Esta persona había vivido en un estado de depresión durante mucho tiempo después del abandono de su marido y esperando de sus hijos una atención absoluta. Al no recibirla, su frustración la llevó a dejarse morir en vida.

La convencí de buscar la Luz y así me respondió:

Veo que tienes seguridad en lo que dices. Voy a pedir perdón a Dios y desear ir a Él, porque hasta ahora lo había olvidado; solo mi rencor y mi dolor contaban. Ya se abrió una luz preciosa, me atrae y me envuelve con amor. Voy al cielo que no merezco, pero Dios es amor, es perdón y lo había olvidado. Ya nada cuenta, solo su amor infinito.

Hay quienes actúan, no por el anhelo de llegar a Dios, sino en base al premio que les ofrecieron. Tuvimos una experiencia en una casa que estaba desocupada, adonde nos llamaron porque se sentían presencias e incluso había quien las veía. Efectivamente, cuando entramos el ambiente estaba muy cargado de energía negativa, Isabel vio sombras de varias entidades que parecían encapuchados. «Parece que murieron todos al mismo tiempo», me dijo. La comunicación mediante mi escritura se inició:

Me decís que creéis que somos muchos. Así es, somos una cofradía de monjes benedictinos que morimos durante una tromba de agua que llegó al convento durante la Conquista de España en estas tierras. No sabemos en dónde estamos y solo andamos vagando de una casa a otra buscando la salida. Lo que nos dijeron cuando vivíamos en cuerpo físico es que Dios nos esperaba para premiarnos por el sacrificio que hicimos siguiendo los pasos de Jesucristo. Todo eso resultó ser una gran mentira y ahora no sabemos qué hacer. Morimos ahogados y cuando despertamos a este vacío, esperábamos ver a Dios, a sus ángeles y a Jesús, pero solo había vacío. Eso nos entristeció tanto y nos produjo tal ira que maldijimos en coro al Dios que nos enseñaron. Todavía lo maldecimos. ¡Cómo es posible que prometan un cielo a cambio de renunciar a todo! Porque renunciamos a todo, familia, bienestar, sexo, con la esperanza de ser recompensados y ahora solo vemos la oscuridad, el frío y nuestra desesperación de no saber adónde ir. Aquí llegamos y cuando vimos que se desocupaba el lugar, nos quedamos. Necesitamos de un lugar dónde vivir y este es amplio.

Como es costumbre, los convencimos de que Dios es amor, que sus pensamientos eran los que los tenían allí y solo bastaría con pedir ir a Él para que se abriera la luz que los llevaría al Mundo Espiritual, adonde ahora les correspondería estar.

Nos dices cosas increíbles. ¿Cómo que no existen ni el castigo ni el premio? Eso no lo podemos creer, si Dios existe tiene que ser justo y lo único que podemos saber es que no existe. ¿Dónde está? Contéstame eso.

Les insistimos en que Dios es amor y que debían buscar la Luz.

No perdemos nada, quizás tengas razón en que esa luz nos puede dirigir a Dios. Pediremos la luz de Dios, como dices, y perdón por nuestra soberbia… Ya se abre una puerta de donde sale una luz radiante que nos atrae y nos acoge con infinito amor. Alabado sea Dios, gracias por indicarnos la salida de este calabozo. Que Dios os colme de bendiciones por esta ayuda, ya llegamos al cielo, solo nos hacía falta un poco de humildad.

Muchas veces cuando al morir no encuentran lo que esperaban, alguien para enjuiciarlos o seres celestiales para recibirlos, se rebelan y o bien se encuentran simplemente desorientados o bien llegan incluso a negar la existencia de Dios. Esto es un ejemplo de cómo la soberbia nos puede estancar en el Bajo Astral y nos impide llegar a Dios. Es cierto que las enseñanzas basadas en el premio y el castigo, no ayudan, pero cuando hay humildad y verdadero deseo de Dios, estas se anulan. Todas las religiones hablan de buscar a Dios y todas llevan a Él, no obstante, la búsqueda tiene que ser interior. La verdadera humildad es la absoluta confianza en el Ser Supremo.

Pero no todos se quedan estacionados en donde ya no les corresponde estar. Afortunadamente, los que no tienen la mente puesta en lo que dejaron ven de inmediato la luz del Mundo Espiritual. Doy aquí un ejemplo de un joven que fue asesinado durante un asalto y que habló con sus atribuladas hermanas.

Veo a mis hermanas muy tristes por mi muerte, pero les quiero decir que no estoy muerto, que estoy más vivo de lo que estaba allá y que me encuentro en un lugar maravilloso, créanmelo. Cuando me dieron el balazo no sentí nada, solo que la vida se me iba acabando y, cuando al fin salí de mi cuerpo, vi una luz incandescente que me atraía con una intensidad infinita. Sentí una felicidad difícil de describir y me di cuenta de que había muerto para el mundo físico.

No sabía a qué grado de felicidad se puede estar en este lugar, si es que se puede llamar lugar a estar en el Todo, porque eso es lo que se experimenta aquí. Desde que llegué me he dado cuenta de muchas cosas, de que lo único que vale en la vida son los actos de amor y generosidad, de que lo único que vamos a hacer allá es aprender a amar de verdad.

También supe que yo escogí mi vida y mi muerte, que era el momento para mí de volver a casa. Créanme hermanitas, la vida en la Tierra es solo una experiencia, pero la verdadera vida está aquí y, cuando les toque regresar las estaré esperando. A mis padres solo les diré que su dolor fue aceptado por ellos desde antes y que el consuelo que les quede es que soy feliz, todo lo feliz que se puede ser. Algún día entenderán por qué me fui. Les mando todo mi amor y estaré siempre cerca de ustedes.

En este caso podemos entender que esta alma llegó a un elevado plano del Mundo Espiritual de inmediato sin pasar por el primer plano, seguramente porque no lo necesitaba. Buenos y «malos» todos vamos al plano del Mundo Espiritual que nos corresponde, según nuestro estado de conciencia, si eso es lo que deseamos.

Los que piensan que todo se acaba con la muerte física, se encuentran en una densa bruma que proviene de sus propios pensamientos y al mismo tiempo con la sorpresa de estar vivos. Un amigo que murió tras una enfermedad muy dolorosa, al que ayudé a ir a la Luz después de encontrarse en esa situación, me habló así:

Es horrible la muerte, vivir como vivía tampoco valía la pena, pero esto es peor. Estoy solo, no sé adónde ir y no veo dónde está la famosa Luz. Otra gran mentira como las que pregonan las religiones. Si supieras lo que es esto no escribirías tonterías que no existen.

Le insistí en que buscara la Luz, que había una vida que era la que le correspondía en su nuevo estado.

Veo que sigues con tu tontería de la Luz, ya te dije que no hay tal, solo bruma. Es cierto que no creía que pudieses comunicarte con este plano, porque ni siquiera creía que existiera algo después de la muerte física, pero que te comuniques es una cosa y que sepas lo que hay aquí es otra. Sí, sigo en la niebla y seguiré porque no hay nada más. Me dices que son mis pensamientos los que me tienen aquí y que si no estoy muerto y estoy en este lugar debe de haber una vida que corresponde a mi estado, pero ¿dónde está?

Después de una ardua labor de convencimiento, ya que su empecinamiento le impedía ver la Luz, al fin dijo:

Ya vi una luz muy tenue que se me acerca, voy hacia ella porque se siente mucho calor, mucho amor que me cubre y empiezo a comprender muchas cosas, entre otras que mi orgullo es inmenso y que todo lo que me pasó en la vida se debe a ello. La Luz es algo maravilloso, tenías razón, se me hace que es lo que llaman allá el cielo. Me atrae con fuerza irresistible y conforme me acerco y me inunda entiendo que no puede provenir de otra cosa que no sea Dios, en el que no creía. Es inimaginable la felicidad que se experimenta, voy a esa vida de la que me hablaste, que debe de ser la verdadera.

Todos los que como él mueren así, vagan sin rumbo por algún tiempo hasta que finalmente sus pensamientos soberbios se desvanecen y se permiten escuchar a los seres angélicos que los ayudan a llegar adonde les corresponde. A nadie se le abandona, a todos se les dirige hacia donde deben estar.

El suicidio

Antes de irrumpir en el mundo de las formas, se escogen los obstáculos que hay que superar, los cuales nos ayudarán a elevar nuestra frecuencia vibratoria. La tendencia o propensión a la depresión o a la locura es una condición que se escoge para superarla. Al encontrarse en la vida con las dificultades elegidas de antemano viene la no aceptación y la persona se deja llevar por esa tendencia que se convierte en enfermedad. La depresión y la locura son maneras de evadir una realidad que disgusta, pero la más radical es el suicidio; en casos extremos algunas almas encuentran en este la forma de eludir el obstáculo que ellas mismas eligieron. Nuestro destino está compuesto de nuestro karma y al mismo tiempo de nuestra libre elección de los obstáculos que enfrentaremos. Cuando la vida en el mundo físico llega a su fin es porque desde antes se escogió ese momento. El suicidio es algo que no se decide con antelación, lo que ocurre es que en el curso de la experiencia no se puede seguir adelante con las circunstancias que se escogieron antes de encarnar y se decide terminar con la vida previamente a lo elegido.

Si se interrumpe una vida en forma voluntaria, nos vamos a otra para completar lo que quedó inconcluso en esa experiencia. Generalmente, después de un suicidio y una vez que el alma ha llegado al Mundo Espiritual, el deseo de completar la experiencia se hace patente y en ocasiones vuelve rápidamente al mundo físico, probablemente por poco tiempo para tratar de completar lo que dejó inconcluso.

He tenido varios casos de suicidas que han llegado a pedir ayuda. Estas pobres almas, cuando toman una decisión tan grave como es la de quitarse la vida, es porque están en la total desesperación creyendo que con ese acto acabarán con lo que les atormenta. Pero por desgracia, terminar la vida en el mundo físico no quiere decir acabar con la vida, ya que esta es eterna. Sucede entonces que se encuentran con que no solo no eliminaron su tormento, sino que está aumentado por la culpa de no haber tenido el valor de seguir adelante además de haber causado tanto dolor a su familia.

Una vez más he podido constatar a través de estas comunicaciones, que no existe ningún castigo para el suicida, como generalmente se cree. El profundo dolor que este acto confiere al que lo ejecuta es provocado por la culpa y la angustia de seguir con vida. Generalmente estos seres vagan desorientados sin saber adónde ir.

Escogeré entre muchos casos, algunos que nos muestran el proceso que estas almas sufren. A continuación, comparto el de un joven que se suicidó porque había cometido fraudes para obtener dinero de manera ilícita y no pudo aguantar la presión de ser descubierto. Varios años después de haberlo ayudado a ir a la Luz, me habló así:

Estoy viviendo una experiencia extraordinaria, ya que después de mi muerte no encontré descanso hasta que me acerqué a ti y me ayudaste a ir a la Luz. Necesité de algún tiempo para digerir todo lo nuevo que encontré y que no esperaba. Fui educado en el catolicismo tradicional y aunque no creía todo lo que decían, algunas cosas sí las consideraba como verdaderas. Sin embargo, cuando me quité la vida era tal mi desesperación que decidí ya no creer en nada y acabar con ella.

Cuando me llevaron contigo y me ayudaste tanto, al llegar al Mundo Espiritual maravilloso, vi que era totalmente distinto de lo que esperaba y me causó gran asombro, pero seguí en mi deseo de ser alguien importante, de tener dinero y poder. Por un tiempo estuve sujeto a esa ilusión hasta que me di cuenta de que necesitaba algo más, de que eso era la continuación de las fantasías de la Tierra y decidí continuar mi evolución.

Ahora ya me encuentro en el siguiente plano, donde se estudian las verdades cósmicas, donde se aprende a amar sin restricciones y a ayudar a los que llegan sin saber adónde se encuentran. Es un trabajo muy satisfactorio y estoy muy feliz, pero siento la necesidad de completar lo que dejé inconcluso en esa vida que me quité. Cuando me decida a regresar creo que escogeré ser alguien sin dinero y con mucha generosidad, porque eso es lo que me faltó, dar felicidad a los que me rodeaban sin importarme las condiciones en las que vivía. Lo quise compensar ganando mucho dinero, pero fue falso, el dinero no da la felicidad y menos cuando se obtiene a base de trampas. Ahora lo he comprendido tan bien que creo que no volveré a hacerlo. Así se aprende a ser honesto, después de haber sido deshonesto en grado sumo.

En otra ocasión me llamaron a una casa en donde los niños dormían mal, se despertaban llorando a media noche y su habitación, a pesar de estar orientada al sur, estaba permanentemente fría. Así empezó la comunicación con el alma que se encontraba allí:

Estoy desesperado porque todo lo que creí evitar con mi muerte sigue presente en este maldito cuarto. Me pegué un tiro porque ya no aguantaba más mis problemas, no veía claro mi porvenir, no entendía que si me había ido mal en el trabajo hubiera podido en un futuro arreglar de otra manera mi situación económica y en cuanto a la sentimental, no vale la pena nadie para encontrarse en este hoyo negro, lleno de remordimientos por no haber tenido el valor de seguir luchando. Oigo voces que me dicen que las escuche y me doy cuenta de que al fin alguien me oye. ¿Qué debo hacer? Yo sabía que el suicidio era muy castigado y que se iban al infierno quienes lo cometían. No sé si esto es el infierno, pero se parecería. ¿Cómo puedo salir de aquí?

Le pedí que buscara la Luz, que el castigo no existe para nadie, a lo cual me replicó:

No puedo girarme hacia ningún lado, estoy congelado en una posición, solo viendo todo lo que dejé y mi propia cobardía.

Después de enviarle energía amorosa, se pudo desprender y liberarse de esos fuertes pensamientos que lo tenían atado a esta dimensión. Aquí vemos cómo la culpa puede impedirnos ver la Luz.

Otra tarde durante una sesión con Isabel se nos acercó Víctor, al que no conocíamos, diciendo lo que sigue:

Soy nuevo en este lugar y me trajo no sé quién. Sí, me suicidé porque ya no pude soportar la enfermedad que me atacó y que es tan reprobada por todo el mundo: el sida. Necesito que me digan qué hacer para salir de aquí, no sé nada ni creo en nada, pero sigo vivo a pesar de que me quité la vida. No siento nada, porque cuando pasas primero por el rechazo de la sociedad porque eres homosexual, cuando la familia te abandona porque tienes sida y no tienes a nadie que te dé amor en tu desgracia, se te seca el corazón y ya no quieres saber nada más.

A Víctor como a otros, no pudimos ayudarlo en ese momento a comprender que no estaba solo, que, a pesar del dolor y el rechazo vivido, la prueba que debía superar era llegar a la aceptación y al amor a uno mismo. Le hablamos con amor y de la vida de felicidad que le esperaba, pero por desgracia, Víctor aún no estaba listo para partir, seguía enojado y negando el amor de Dios. Pasó un tiempo sin saber de él, hasta que otra tarde volvió para hablarnos así:

Nuevamente vengo a verlas, queridas amigas, me dejaron ver que necesito creer en el amor divino y sentí lo que me han enviado varias veces, eso que es como calor amoroso y que nunca sentí en mi vida en la Tierra. ¿Quiénes son ustedes que saben cómo convencer? No solo con palabras sino con acciones. Me muero de ganas de creerlos, pero me cuesta.

Tuvimos que mandarle mucha energía amorosa para sacarlo de sus pensamientos de baja estima que le impedían ver la Luz. Esa tarde logramos convencerlo de buscarla y así finalmente liberarse.

Me están convenciendo, lo que dicen tiene sentido, estoy vivo y en un hoyo oscuro, si con solo pedir la luz se enciende, es tonto no hacerlo. Pido ver la Luz, voy a ir al mundo que me corresponde ahora, es una luz brillantísima que me envuelve, me jala y me llena de amor, es cierto voy al cielo, gracias, gracias, queridas amigas allá las espero.

Muertes trágicas

Hay algunas muertes que nos conmocionan por lo dramáticas, como la trágica y accidental muerte de un niño o un joven, lo que desencadena un dolor muy profundo en los padres y demás familiares. Siempre nos preguntamos el porqué de esas muertes, cuando la víctima no ha vivido todavía lo que juzgamos una vida normal y completa. Es algo inexplicable, lo percibimos como una injusticia, como una crueldad del destino y nos rebelamos ante ese evento.

Nada sucede de manera fortuita, todo lo que pasa en la vida tiene una intención que a veces no nos es posible ver. En una ocasión, una mujer joven y talentosa, muy exitosa en su trabajo, a quien llamaré Fátima, decidió tener un hijo. Ese hijo era para ella lo más preciado que tenía en la vida, pero desgraciadamente murió en un accidente automovilístico, lo que le provocó un inmenso dolor. Recibió desde el Mundo Espiritual, a través de mi escritura, un mensaje de su madre —abuela del chico— ya fallecida.

Me dan permiso de hablarle a mi hija para darle algún consuelo en su inmensa pena. Esto que te ha pasado, amadísima hijita, no es crueldad del destino y no lo debes ver así. A veces nos encontramos con situaciones dolorosas que nos sirven para entender el verdadero objetivo de la vida en ese plano, que es descubrir el amor universal y despojarnos del ego. Este último es el responsable de nuestras desgracias porque vive tratando de controlar todo y a todos. El problema es que los demás quieren lo mismo y de allí los conflictos humanos. No me estoy alejando del tema de tu tragedia. Tu hijo se prestó a ir a ese mundo por un corto tiempo para ayudar a los que fueron sus padres a despertar hacia lo espiritual. Él está de nuevo aquí y yo salí a recibirlo; está muy feliz, pero espera que su sacrificio no sea en balde. No te dejes aniquilar por la pena, no te amargues por tu tragedia, todo lo que acontece tiene un sentido que ahora no ves. Tú eres una mujer muy fuerte, saca fuerzas de flaqueza y sigue tu vida buscando la espiritualidad profunda. El ángel que ha llegado al cielo se propone ayudarte y estar contigo siempre, no eches a un lado lo que te digo, encontrarás el consuelo y la paz en la aceptación de lo que ha pasado, que nunca es obligatorio sino escogido y aceptado por ti desde antes con el objeto de crecer hacia lo espiritual.

Así es, todo lo que nos acontece en la vida lo hemos escogido y aceptado de antemano antes de nacer. El objetivo es siempre el desarrollo de la conciencia, es decir, volver a la esencia pero conscientemente. Los obstáculos que se presentan son parte de la vida y oportunidades para desarrollar el libre albedrío. Tenemos la opción de trabajar con las emociones e integrarlas para dar paso a otros estados y experiencias, o quedar fijos en la frustración que nos trajo el evento trágico y vivir amargados el resto de nuestros días.

Fátima ha vivido una transformación asombrosa después de trabajar en el «evento» de la tragedia de la muerte de su hijo. Se ha dedicado a observar, vivir e integrar cada una de sus emociones negativas, tanto las que fueron producto de la pérdida, como las que venía arrastrando durante toda su vida. Hoy en día, en sus propias palabras dice: «Me he vuelto una viciosa del trabajo interior».

Así recuerda los comienzos de su proceso:

«Mi dolor era tal que estaba como anestesiada, en un estado de adormecimiento al cual ya me estaba acostumbrando. Creo que con el tiempo dejé de sentir tanto dolor, pero tampoco sentía nada más. Los especialistas lo llaman 'alexitimia' que es la reacción emocional ante el *shock* postraumático. Desde luego, el sistema humano es muy sabio, ya que ese estado te protege, solo puedes empezar a trabajar en tus emociones después de un tiempo.

»A las pocas semanas, y con la ayuda de un maestro maravilloso, descubrí con mucho miedo, que con la muerte de mi hijo se habían derrumbado todos los esquemas que estructuraban mi manera de ver el mundo y de darle sentido a la vida. Y ante esa experiencia me enfrenté al vacío. Anduve por la vida varias semanas sintiendo que me habían 'borrado el disco duro', casualmente fueron semanas de profunda libertad y humildad. Allí fue cuando decidí trabajar para que mi mente no volviera con el tiempo a su programación habitual. Experimenté que había una manera de observar los condicionamientos de toda mi vida y decidí retarlos y elegir otras opciones, en lugar de las mismas reacciones que desde luego, hasta esa fecha, no me habían funcionado.

»Aprendí a sintonizarme con algo más fuerte y poderoso que la racionalización de la mente y sus razones para ser feliz o infeliz. Descubrí el gran poder que tiene experimentar una conexión esencial con el vínculo maravilloso del amor a un hijo. Aprendí a *resonar* en su sintonía y nunca más lo he sentido lejos. Al contrario, es parte de mí y nuestro vínculo de amor está intacto.

»También en esa época entendí la diferencia entre dolor y sufrimiento. Eso me liberó mucho. Yo estaba convencida de que iba a sufrir el resto de mi vida. Ahora sé que el dolor es parte de la vida, como la alegría o la nostalgia, y que viene y va. Lo que nos tortura es el sufrimiento de nuestras fijaciones, necedades y creencias de que sabemos cómo tienen que ser las cosas, y ese, el sufrimiento, es innecesario y se puede trabajar. No hubo libro que me enseñara lo que viví en esos meses de aprendizaje directo de la vida. Al final, el que acabó convirtiéndose en mi gran maestro, fue mi hijo.

»Uno de los grandes aprendizajes que me trajo Cristóbal y que me ha hecho comprender la felicidad desde otro ángulo, es que su misión en esta vida no fue venir a vivir muchos años, sino venir a prender la llama del amor incondicional en mi corazón. Entendí la gran responsabilidad que es en mi vida no apagarla. Sería como deshonrar su obra y su misión».

Los niños que mueren así son almas que vienen por un corto tiempo con una misión especial de amor. En el caso que acabo de presentar, Cristóbal le enseñó a su madre lo que es el verdadero amor. Ella sentía que en su vida todo lo podía controlar, pero el enfrentarse a lo irremediable la llevó a darse cuenta de la impotencia que a veces se tiene ante las circunstancias que nos toca vivir y tuvo que acatarlas con humildad. El dolor está allí, pero si se aceptan las condiciones de nuestra vida, el sufrimiento desaparece.

Conozco varios casos de personas a quienes una gran pena las lleva a despertar a la espiritualidad. A una madre cuya hija fue cruelmente asesinada, el terrible sufrimiento que esto le provocó, le ha servido para entrar de lleno en el camino espiritual.

Cuando sucedió la tragedia, yo no conocía ni a la madre ni a la hija, pero un día esta última se comunicó conmigo, me describió el horror de su muerte, cómo había sido y lo que había sufrido, aunque ahora se encontraba ya en la Luz. Me pedía que le diera a su familia la noticia de que se encontraba muy feliz.

Me resultaba difícil dar un mensaje así sin conocerlos, pero estoy convencida de que desde otro plano somos dirigidos y ayudados cuando es necesario. Días después asistí a una convención internacional de Transcomunicación Instrumental, que consiste en establecer contacto con los que han muerto a través de instrumentos electrónicos, como grabadoras, ordenadores, televisión, etc. Allí encontré a una amiga que sabe lo que hago y de inmediato me presentó a esa madre atribulada y llena de dolor. Allí mismo le di el mensaje de su hija en el que decía unas palabras que ella reconoció por ser las mismas que dejó escritas en su diario unos días antes de morir. Esta señora, en lugar de rebelarse ante su dolor, buscó salir de él mediante una búsqueda espiritual profunda que la llevó, después de algún tiempo, a escribir la bella carta que me envió cuando nos volvimos a ver y que a continuación transcribo:

«Me dio mucho gusto encontrarte, de pronto me remontaste a otra época de mi vida en la que la dimensión espiritual todavía era lejana y por lo tanto había mucho dolor. Ahora al verte, solo puedo sentir agradecimiento. No hay error, alguien nos está mandando las experiencias que necesitamos para evolucionar y no nos queda más que alinearnos ante el verdadero poder. Creo que mi hija me ha acompañado todo el tiempo en esta travesía hacia el corazón y las fronteras entre la vida y la muerte se han derrumbado. Soy una persona feliz con un solo propósito, seguir entendiendo lo que antes parecía incomprensible y ahora se ha vuelto cotidiano. Los milagros existen, solo necesitamos detenernos y reconocerlos. Todavía puedo aprender muchas cosas de esa transición que tememos tanto y que al mismo tiempo es tan liberadora. Familiarizarse con la muerte solo te conduce a amar la vida».

Más tarde me envió un escrito sobre sus reflexiones, de donde transcribo algunos extractos:

«... tenemos que morir junto con nuestras pérdidas para poder renacer. No puedo actuar, sentir, pensar como la anterior, soy otra...y entonces todo está bien, lo bueno y lo malo porque todo me permite infinitas posibilidades de avanzar y las contradicciones, entendidas así, crean la tensión que puede ayudar a moverme hacia la eternidad. ¿Y si nuestras interrupciones son realmente nuestras oportunidades? ¿Y si son retos para que demos respuestas interiores por medio de las cuales se realizan y a través de ellas llegamos a la plenitud del Ser? ¿Y si los sucesos de nuestra historia están moldeándonos, como un escultor lo hace con la arcilla y solo en la cuidadosa obediencia a esas manos que nos moldean es donde podemos descubrir nuestra vocación real y convertirnos en personas maduras? ¿Y si todas esas interrupciones inesperadas son de hecho invitaciones a dejar de lado estilos caducos de vivir y nos están abriendo a nuevas e inexploradas áreas de experiencias? ¿Y si al fin, nuestra historia no demuestra ser una secuencia ciega e impersonal de sucesos sobre los que no tenemos control, sino que más bien forman un conjunto de hechos reveladores de una mano que nos guía a un encuentro personal, en el que todas nuestras esperanzas y aspiraciones van a alcanzar su pleno cumplimiento? Entonces nuestra vida sería diferente porque la fatalidad se convertiría en oportunidad, las heridas en advertencias y la parálisis en una invitación a la búsqueda de fuentes más profundas de vitalidad... No estamos solos, somos parte de un Creador y de un universo compasivo que no va a abandonarnos ni a darnos más de lo que podemos soportar...».

Estos textos nos hablan de un gran cambio positivo en las personas, a partir de su enorme tragedia y nos muestran su camino hacia encontrar el sentido a sus inesperadas pérdidas. Para quienes pasan por una muerte accidental también hay un proceso por el cual llegan a aceptar lo que les acaba de ocurrir.

Los obsesores

Al morir, todo lo que creemos y pensamos, los deseos y en general toda nuestra personalidad, permanece igual. Únicamente nos quitamos el vestido que nos sirvió para manifestarnos en el plano terrenal. Como ya hemos dicho, si se muere con una obsesión como el deseo de venganza, un fuerte apego a una persona, una adicción incontrolada al alcohol, al sexo, a las drogas, se da el caso de que el sujeto se quede atado a esos pensamientos y emociones que pueden durar inclusive hasta una próxima vida. Las entidades atormentadas por una obsesión, persiguen a los encarnados que fueron los causantes de esta para vengarse. En el caso de los adictos, obsesos por su adicción, se acercan a los que en vida tienen la misma que ellos tuvieron, con la intención de obtener a través de su aura las sensaciones producidas por el alcohol, las drogas o el sexo.

Es muy común que las personas que están bajo los efectos de las drogas o del alcohol cambien de personalidad, como si algún ser entrara en ellos. En ese estado el aura de la persona se debilita y, en efecto, los seres del Bajo Astral que eran adictos a esas substancias, se integran a su aura debilitada percibiendo así la misma vivencia e instándolos a seguir bebiendo o drogándose. Algunos videntes me han reportado que muchas veces en los bares se pueden ver aún más desencarnados que bebedores.

El último pensamiento que se tiene al morir, cuando es extremadamente fuerte, puede convertirse en obsesión.

Una vez vino a verme un hombre que se quejaba de que nunca podía tener una relación amorosa que prosperara. Siempre había circunstancias que se interponían para que lograra una relación estable y sentía frecuentemente una presencia cerca de él que le producía estados depresivos. Cuando pude establecer contacto con esa entidad, supimos que se trataba de una artista muy bella que había sido asesinada. Nos habló así:

Me dicen que tú me puedes aclarar qué hacer. Cuando me mataron no supe adónde ir, los que había conocido no me daban ninguna confianza, solo querían mi cuerpo y el dinero que yo les proporcionaba. Estuve perdida en un mundo lleno de alabanzas, por un lado a mi persona, pero no a mi verdadero Yo, sino a mi envoltura física que ahora ya no tengo. Entonces me acordé de mi auténtica pareja y de pronto lo encontré como Felipe. Lo único que quiero es que me haga caso, que me considere como el ser amoroso que soy y que vivamos el maravilloso amor que vivimos en otras ocasiones. No entiendes cómo sé que vivimos juntos antes pero aquí donde estoy se saben muchas cosas que trato de transmitirle a Felipe, dándole direcciones para que sea feliz en esa vida, pero conmigo al lado.

Un apego que se convierte en obsesión puede pasar de una vida a otra, como se puede ver en este caso y en el que ahora voy a relatar donde el deseo de venganza permanece grabado en el cuerpo emocional.

Adrián era un hombre joven, que vino a verme porque todas las puertas se le cerraban y sus proyectos de vida no fluían. En efecto, Adrián tenía una entidad obsesionada con él que se proponía destruirlo.

Me dio vida de esclavo este hijo de puta. Fui su esclavo y me hizo sufrir lo indecible, me sacaba mi sangre para bebérsela porque creía que con eso viviría para siempre y me torturaba sin cesar porque con eso sentía placer. Me obligaba a tener sexo con él en forma espantosa y solo paraba sus brutalidades cuando el Emperador lo llamaba a trabajar. Era senador y el muy desgraciado se aprovechaba de su posición para obtener ventajas de toda índole. Cuando morí, después de una paliza que me propinó porque osé decirle que no aceptaba más vejaciones, me quedé con un odio que hasta la fecha le tengo y le tendré por la eternidad.

Después de lograr que Adrián se liberara de ese obsesor, obtuvo al fin éxito en sus negocios y en su vida.

Un joven que tuvo un accidente al conducir en estado de ebriedad, provocó la muerte de su amiga que lo acompañaba. Me vino a ver porque desde el accidente no le era posible conciliar el sueño, sentía la presencia de su amiga muerta todo el tiempo, lo que le provocaba una terrible culpa y depresión. Ella le habló de esta manera:

¿Por qué tuviste que matarme? Tus aires de poder y de que «no pasa nada» acabaron en mi muerte. Estoy muy enojada contigo y por eso no te dejaré dormir nunca, te acosaré siempre. Tenía muchos proyectos y muchas ilusiones, acabar mi carrera, casarme, tener hijos y todo lo echaste a perder con tu tontería de sentirte todopoderoso.

Después de convencerla de buscar la Luz, al fin dijo:

Me decido a ir a esa luz que aparece no sé de dónde. Me jala y me cubre, se siente algo sumamente agradable. Voy por una especie de túnel y al fondo hay esa luz que brilla como el sol y que no deslumbra, solo emana amor, felicidad, perdón. Ya entendí, no fue tu culpa, era mi hora y esto es maravilloso. Ya descubrí el cielo, esto no puede ser otra cosa. Perdón por mi estupidez al culparte y haberte molestado, al contrario, te doy las gracias por haberme mandado a esta vida que no tiene igual de felicidad.

Eventualmente Ana Coudurier me envía a personas que tienen dificultad en ver sus vidas pasadas durante la terapia de regresión. A menudo se trata de obsesores que se lo impiden y que, una vez liberados, el problema desaparece.

Tuve la ocasión de ayudar a una entidad obsesionada con odio y venganza hacia una de las pacientes de Ana. Elena, quien había acudido para una terapia de regresión a vidas pasadas, no podía ver nada, algo se lo impedía. Desde algún tiempo, Elena presentaba una situación extraña cada vez que trataba de entrar en un estado expandido de conciencia a través de la meditación o recibía energía mediante *reiki* o consultaba algún vidente. En esos momentos sufría una especie de desmayo en el que, aunque en estado consciente, no se podía mover y era incapaz de hablar, y del cual se tardaba en recuperar alrededor de media hora o más. Cuando empezamos la sesión ella se quejó de un dolor en el estómago, como si le clavaran un palo, y luego se desmayó. Recibí de los guías la siguiente información:

Elena siente que la acuchillan en el plexo solar porque en otra experiencia así murió, pero el ser que la mató está lleno de odio y no la deja en paz. Al ella entrar en un estado expandido de conciencia su aura se debilita y accede fácilmente a otros planos dimensionales. Es allí en donde esa entidad la ataca con energía negativa que la hace perder el habla y el movimiento porque le bloquea su luz vital.

Entonces empecé a hablar con ese ser, que dijo:

No voy a dejarla porque fue inhumano lo que hizo conmigo y no estoy dispuesto a perdonar. Al enfrentar mi individualidad que es sagrada y tratar de que yo hiciese exactamente lo que a él se le antojaba, me humilló hasta lo más profundo, no me dejaba tener mi propia opinión, me dictaba lo que tenía que decir en los sermones y me propinaba palizas cuando yo me oponía a sus deseos, no solo sexuales sino a cualquier otro. Su posición de jerarca de la Iglesia lo protegía y yo no podía acusarlo pues me hubiera echo culpable y me hubieran castigado, así como cuando lo maté que me apresaron, me excomulgaron y me dieron tormentos imposibles de aguantar, como se daban durante la Inquisición. Eso no se lo perdono; desde entonces lo ando buscando y ahora que lo encontré, no lo dejaré.

Cuando al fin lo convencí de que la venganza no le llevaba a nada positivo, mandándole amor y luz, al fin se liberó y se fue adonde le correspondía estar. En el instante en que aceptó ir a la Luz, simultáneamente Elena abrió los ojos y se incorporó, sin que ella supiera lo que la entidad me estaba diciendo y yo escribiendo bajo su dictado. Su semblante cambió radicalmente y una amplia sonrisa se dibujó en su rostro. Su marido exclamó que hacía ya mucho tiempo que no la veía sonreír así. Recordó que lo único que había logrado ver, durante la primera sesión de la terapia de regresión, fue a un monje.

Es una constante lo que reportan las almas cuando llegan a la Luz, se les aclaran muchos conceptos, lo fundamental es la existencia de Dios para aquellos que no lo creían, se dan cuenta de que lo más importante en la vida son los actos de generosidad y de amor y comprenden que esa era su hora para morir. Entre muchos otros, el caso de un hombre que en vida fue muy apegado a lo material, para quien lo único que valía era el dinero, las fiestas y las mujeres, después de vagar perdido por el Bajo Astral, tuve la ocasión de ayudarlo a ver la Luz. Su desprendimiento fue muy bello y nos ilustra cómo en el momento de verla se les aclara todo.

Veo ya un resplandor, es algo que no puedo describir, me atrae y me envuelve. Es una sensación que nunca tuve antes, no puedo creer que esto exista, es el cielo del que hablan, es cierto que existe, yo que nunca creí en ello. Voy hacia él, es algo maravilloso, me da amor del verdadero, es algo que no esperaba, es verdaderamente el paraíso, como si de pronto todo se aclarara. Es la sabiduría misma que emana de esta luz, es lo que emana de Dios en el que nunca creí. Aquí se sabe que existe y es una atracción irresistible hacia Él cuando esta luz te toca. Lo único que he comprendido aquí es que todo a lo que estaba atado en el mundo que dejé no vale nada, solo los actos de verdadero amor y generosidad son los tesoros que sobreviven a la muerte.

Venimos a este plano por un tiempo definido y con un propósito determinado que de antemano decidimos. Esta vida no es la verdadera, es una de tantas experiencias en el largo camino de la evolución y una vez terminado lo que venimos a experimentar, dejamos nuestra envoltura física que nos sirvió para esa experiencia, volviendo así a nuestra auténtica morada.

Abandonarse en el día a día y vivir el momento intensamente con amor, humildad, generosidad y deseo de evolución espiritual nos colma de gozo y plenitud en esta vida y nos prepara para la siguiente.

Capítulo X

EL DESPERTAR DE
LA HUMANIDAD

La Fuente de Vida a la que llamamos Dios, Creador, Conciencia Universal, es la que genera la energía universal que, según su frecuencia, conforma las diferentes realidades; es la Fuente fundamental de todo lo que existe. Todo sale de Él y regresa a Él en una pulsación continua. Todos llegaremos al Origen, unos antes y otros después. En el universo toda materia y cualquier forma de energía son el campo de energía universal que vibra en varias frecuencias y de diferentes maneras. Esta se va densificando para crear los distintos planos de realidad y en su vibración más baja produce la materia física, de la que se conforma el universo sólido que es visible a nuestros sentidos. En la creación todo es movimiento, nada es estático y después de manifestarse, regresa al Origen mediante un proceso evolutivo. Actualmente la Tierra, junto con nosotros, sus habitantes, nos encontramos en un proceso de evolución hacia la Fuente donde nos originamos. En el cosmos este paso se efectúa en etapas o ciclos. Así pues, nos encontramos al final de un ciclo cósmico y al comienzo del siguiente, a nivel esotérico se dice que termina la era de Piscis y comienza la era de Acuario.

Las frecuencias de energía del planeta Tierra están acelerándose y en la medida en que las energías terrestres aumentan su frecuencia, las humanas responden a esas nuevas frecuencias y esto lo está comprobando la ciencia. Las propiedades de resonancia de la cavidad terrestre fueron detectadas por primera vez por el Dr. Winfried Otto Schumann y su discípulo Herbert König. Mucha de la investigación en los últimos veinte años fue conducida por el Departamento de Marina de Estados Unidos, que investigó el espectro electromagnético de frecuencia extrabaja (ELF por sus siglas en inglés) supuestamente para comunicación con los submarinos. La idea es que sería algo así como la frecuencia base de la Tierra, o «latido del corazón». Hace algún tiempo se informó que esta frecuencia electromagnética natural del planeta, medida a través de la resonancia Schumann, se ha venido incrementando en los últimos años en forma dramática de 7.83 Hz., valor estándar por décadas, a 8.6 Hz. en 1996 hasta 11.2 Hz., actualmente.

En 1962 se detectaron y grabaron las señales preconizadas por W. O. Schumann y se comprobó que esa resonancia presenta un pronunciado nodo en torno a los 7.83 Hz. Y esta frecuencia, bautizada con el nombre de «onda cerebral terrestre» es la que estamos usando para potenciar nuestras capacidades cerebrales con objeto de lograr una expansión de conciencia. En esta región de la mente nuestras divisiones físicas de la manifestación en pasado, presente y futuro, cercano y distante, con todas las limitaciones que imponen sobre nuestra comprensión de las ideas y situaciones, están enteramente trascendidas. Las limitaciones del tiempo y espacio no existen, esto nos permite hacer las regresiones al pasado para borrar causa y efecto, registro y memoria de lo que sucedió en años anteriores y sus consecuencias en los años posteriores para poder cambiar el presente.

Se eleva el tono vibratorio del planeta Tierra y por consiguiente la distancia entre los planos físico y espiritual se acorta, entendiéndose por distancia la diferencia vibratoria que existe entre los dos planos. El velo que nos separa se está diluyendo y está dando lugar a la apertura al psiquismo en muchas personas alrededor del mundo; de allí que las escrituras hablen de que al final de los tiempos habrá muchos que profetizarán, lo que significa que podrán tener acceso a información proveniente de otras dimensiones. Nuestros guías nos hablan sobre esto.

Ya está preparada la humanidad de la Tierra para dar el salto a la cuarta dimensión en donde ya se tiene conciencia de nuestra divinidad y donde se van desarrollando los atributos divinos que nos acercarán al siguiente plano de conciencia llamado quinta dimensión. El vivir actualmente sobre la Tierra tiene sus ventajas pues ayuda a dar el salto a la cuarta dimensión. Hay seres que se acercan a ella enviando energía amorosa para elevar la frecuencia vibratoria de la misma y, entonces, aquellos que no sigan esa elevación tendrán que retirarse a otro planeta en estado de evolución más primitivo.

Los desastres que están sucediendo alrededor del mundo ayudan a los que los sufren a elevar su vibración y a abrir la conciencia de la humanidad a la compasión y al sentido de fraternidad. Si tantas almas han querido encarnar actualmente es para que las circunstancias actuales les ayuden a avanzar.

Se preguntan qué pasa, por qué tanta maldad, cada día hay más secuestros y asesinatos, cómo es que hablamos de un cambio radical en la conciencia de la humanidad. Son precisamente esos extremos los que ayudarán al cambio; son los que están inmersos en la oscuridad los que no podrán seguir aquí a menos de que con el dolor que sus propios actos generen les haga recapacitar y se eleven a otra vibración.

Si venimos a este mundo para evolucionar, ya no podemos seguir con la venda en los ojos y en conciencia no querer quitarla. Es más fácil seguir viviendo en la inconsciencia total, persiguiendo ideales materialistas de poder, de dinero, de posición, alejándose así de la verdadera meta que implica volver al amor y llegar a la completa unión con el Todo.

Lo que quiero decir con esto es que al estar distraídos en la obtención de satisfactores materiales y sumidos en las necesidades del ego, no vivimos en el presente y no logramos conocernos ni disfrutar lo que el presente nos ofrece. Vivimos, ya sea arrastrando el cadáver del pasado o en la antesala del futuro, no vemos lo que tenemos a nuestro alcance porque en cualquier situación siempre habrá una luz y una infinidad de posibilidades. Se puede, ya sea sumergirse en la adversidad o superar el obstáculo. ¿Cómo se puede lograr esto? Dándose en amor a los demás, comprendiendo sus limitaciones y aceptando sus imperfecciones y, por otro lado, aceptar las circunstancias que nos toca vivir que, aunque sean adversas, siempre encierran enseñanzas que hay que descubrir. Esto es lo que proporciona la plena satisfacción.

Conocernos significa, mediante la introspección, aceptarnos tal como somos, con nuestras carencias y virtudes, apartándonos de la necesidad de sobresalir y de ser aceptados y reconocidos. Cuando eres amoroso contigo mismo, te perdonas y aceptas tu realidad, eres amoroso con el entorno, respetuoso, amable con tus semejantes y con la naturaleza. Entonces ya no necesitas de esos estímulos porque estás pleno.

Esta nueva era tendrá como resultado un cambio radical en el planeta y en la conciencia de sus habitantes. Al acelerarse el campo energético del mismo, la energía de los seres humanos que lo habitan sigue el movimiento acelerador y el comportamiento humano se intensifica en el sentido en el que esté actuando, hacia la luz o hacia la oscuridad. Cada día hay más búsqueda espiritual y al mismo tiempo se ha acrecentado la maldad. El momento actual se parecería a cuando una enfermedad hace crisis antes de desaparecer, se está dando el máximo de oscuridad en el planeta antes de que esta desaparezca. El momento más oscuro es justo antes del amanecer. Los que están en la búsqueda de la luz se acercan más a ella, pero los que siguen vibrando en las tinieblas se vuelven más ciegos.

La conciencia de la humanidad va a dar un salto evolutivo sin precedentes. Las estructuras financieras, sociales y religiosas que han imperado hasta ahora se están desmoronando y nuevas formas de pensamiento están surgiendo. Los jóvenes de hoy se cuestionan lo que se les enseña como dogma inamovible y tienen la inquietud de buscar otros caminos espirituales. Habrá un cambio drástico en el estado de conciencia de la humanidad para esta nueva era. Los niños actuales vienen ya con otra conciencia.

Los niños son seres maravillosos. Recién llegados a este mundo se encuentran más cerca del plano espiritual, cuando todavía no están contaminados con los prejuicios y programaciones que se les inculcan más tarde. Resulta difícil pensar que los niños son seres sabios, después de todo, somos los adultos quienes tenemos que guiarlos y creemos erróneamente que ellos deben comportarse como nosotros, someterse a nuestras ideas de lo que concebimos como educación.

Veamos en los niños el ejemplo de estar abiertos a nuevas enseñanzas, pues en su inocencia no hay ideas preconcebidas sino apertura y curiosidad por saber y aprender.

Los humanos creemos saberlo todo, haber aprendido lo suficiente como para imponer nuestras ideas en lugar de tratar de conocer a nuestros hijos y comprender que ellos tienen su propio proceso y su plan de vida que escogieron con anterioridad, el cual no podemos ni debemos entorpecer.

Cuando los padres no están en el camino espiritual, frecuentemente tienden a querer vivir a través de sus hijos, haciéndolos víctimas de sus frustraciones, amarguras y éxitos no logrados. De igual manera los padres exitosos en el ámbito material, exigen de sus hijos seguir el mismo camino y si no lo logran, sobreviene el castigo y el rechazo.

Ser padres amorosos, comprensivos y apoyarlos en su camino no es lo mismo que controlar su vida en base a nuestros propios miedos, el «te lo digo por tu bien», «lo hago porque te quiero» muchas veces es para encubrir el deseo de control.

La experiencia de ser padres radica en tratar de conocer al Ser que viene a nuestra vida, esto no quiere decir que los descuidemos, que los dejemos solos, sino por el contrario, tenemos que enriquecer sus experiencias, propiciar el medio para su evolución y permitirles experimentar lo que se han propuesto. El verdadero aprendizaje es entonces dejar a un lado el ego, la soberbia, el poder de control y llenarnos de amor profundo y absoluto respeto por quienes viven bajo nuestro cuidado.

Niños índigo y cristal

El cambio de conciencia de la humanidad será impulsado por los niños a quienes se les conoce como «niños índigo» y «niños cristal». Se trata de almas muy avanzadas en su evolución que decidieron encarnar para ayudar a este cambio. Tienen una vibración y características diferentes entre sí, a los niños índigo se les puede describir como seres humanos más amorosos y sensibles. Vienen a romper con lo establecido, a no aceptar más las discriminaciones, la agresión al planeta, la corrupción, el miedo, la competitividad y a abrir el camino a la conciencia de unidad a través del amor. Para ellos es muy importante la ecología, están en contra de la violencia, aunque tienen un espíritu guerrero, debido a que su propósito es romper con los antiguos sistemas que ya no nos sirven más. Ellos están aquí para anular sistemas y creencias que carecen de integridad. Para lograr este propósito ellos requieren de un temperamento decidido, pero al mismo tiempo son seres muy amorosos, no son competitivos, sino que entienden que se debe trabajar dando lo mejor de sí mismos por el bien de la comunidad y no únicamente para el provecho propio.

Se verá en el mundo entero este cambio, ya que estos niños ahora, pero adultos dentro de algunos años, harán sentir su influencia. Sus padres necesitan tomar conciencia de que son niños diferentes, que deben tenerles infinita paciencia y comprensión. No son obedientes a una disciplina establecida, necesitan de una explicación del porqué se les pide actuar de determinada manera. Su concepto de la religión será sobre todo humanitario, no de reglas y convencionalismos. Su misión principal es cambiar a la sociedad, construir una nueva estructura que tenga como base la unidad y el amor. El cambio se verá hasta en las civilizaciones más cerradas y fanáticas, llegará para el planeta Tierra una nueva era de fraternidad y armonía, esto nos lo dicen los altos seres que nos dan instrucción.

Los niños cristal son seres sumamente sensibles que poseen habilidades telepáticas, son felices y de temperamento estable. Son almas evolucionadas que vienen a este mundo para facilitar la transición a la próxima etapa evolutiva. Primero los niños índigo, preparan el camino, recortando cualquier cosa que carezca de integridad, les seguirán los niños cristal en un camino ya limpio dentro de un mundo más inofensivo y seguro.

Aunque no todos los niños actuales son índigo o cristal, todos los niños son para los adultos una fuente de aprendizaje que debemos aprovechar.

Se ha comprobado científicamente a través de un aparato de tomografía axial computarizada por emisión de fotones, que es un estudio en vivo de la función cerebral (SPECT), que las personas con facultades extrasensoriales muestran un aumento del diez por ciento de la corteza prefrontal (zona del cerebro a la altura de las sienes), en comparación con las demás. Se ha visto que los niños índigo presentan mayor desarrollo de esta zona.

También se ha comprobado que los psíquicos que tienen visión extrasensorial tienen más desarrollado el lóbulo cerebral occipital y los que son capaces de escuchar, el lóbulo temporal.

La creación es la voluntad del Creador de manifestarse en innumerables formas y darles a sus hijos la oportunidad de cocrear con Él. El aparente caos que aparece antes de cualquier orden es intencional porque se necesita de muchos elementos opuestos para apreciar el orden que nace del caos.

Actualmente se está dando alrededor del planeta Tierra mucho desorden, elementos encontrados que aparentan no tener acomodo de ninguna manera. La violencia y el odio están desatados y no se ve el fin de esos desencuentros. Todo esto es imprescindible antes de llegar a la armonía que necesariamente *arribará. **Los seres humanos tienen límite en la violencia, algún día se hartarán de ella y descubrirán el amor y la fraternidad que dará comienzo a la nueva etapa de la humanidad.***

Ha llegado el momento de tomar el camino del despertar de la conciencia porque todo lo que está aconteciendo ayuda a ello. Nos veremos obligados los seres humanos a ayudar a los más desprotegidos ante la serie de cambios y catástrofes que está sufriendo el género humano. Esto nos llevará a una nueva manera de relacionarnos con amor y fraternidad.

Vamos hacia una nueva era en la que el odio y la ambición desaparecerán. Estos sentimientos necesariamente se diluirán cuando el miedo deje de existir. La ambición se genera en el sentimiento de carencia; se cree que este se puede abolir con dinero y posesiones materiales, pero esto nunca llenará el vacío existencial provocado por la creencia de estar separados de Dios y de todo lo que existe. El miedo es el resultado de esa supuesta separación en la que vemos a quienes nos rodean como posibles enemigos, lo que provoca odio a quien se opone a nuestros deseos, ya sea de poseer algo, de sobresalir o de controlar.

En esta nueva era los seres humanos habrán comprendido que no están separados del Todo y esto los regresará a la conciencia de unidad, donde el miedo ya no tiene vigencia. Florecerán la fraternidad y el amor, según lo que se habla en varias profecías y nos dicen los seres de Luz.

Solo nos queda vivir en el presente sin temor, con la fe en que lo que nos acontece es siempre con el objetivo de abrir la conciencia hacia la realidad. Despertar al Infinito, dejando atrás nuestras limitaciones, uniéndonos en conciencia al Todo.